REBEKKA REINHARD

KLEINE PHILO-SOPHIE DER MACHT

(nur für Frauen)

REBEKKA REINHARD

KLEINE PHILO- SOPHIE DER MACHT

(nur für Frauen)

LUDWiG

MIX
Papier aus verantwor-
tungsvollen Quellen
FSC® C014889

Verlagsgruppe Random House FSC® N001967
Das für dieses Buch verwendete
FSC®-zertifizierte Papier *EOS*
liefert Salzer Papier, St. Pölten, Austria.

Copyright © 2015 by Ludwig Verlag, München,
in der Verlagsgruppe Random House GmbH
Redaktion: Andrea Kunstmann, München
Umschlaggestaltung: Eisele Grafik·Design, München
Satz: Leingärtner, Nabburg
Druck und Bindung: Pustet, Regensburg
Printed in Germany
ISBN 978-3-453-28073-1

www.ludwig-verlag.de

Für den modernen Mann

*»Man darf nicht in jedes Weißbrotschnittchen beißen,
das einem hingestellt wird.«*

ANGELA MERKEL

Inhalt

TEIL II

Von knarzenden Gehirnen und Denk-Baustellen:
FRAUEN MIT MAULKORB

TEIL III

Das Schaf im Schafspelz:
FRAUEN OHNE SCHNURRBART

Was ist Macht – und warum brauchen wir sie?

Als Kind dachten Sie, die ganze Welt würde sich nur um Sie drehen. Sie waren es gewohnt, so ziemlich alles zu bekommen, was Sie wollten. Einfach dadurch, dass Sie laut und anhaltend schrien. Sie waren unglaublich spontan. Sie konnten sich innerhalb einer Sekunde in einen Helikopter verwandeln und über dem Wohnzimmerteppich kreisen. Und Sie hatten großes Vertrauen in Ihre Kampftechnik. Wenn Ihnen Ihre Geschwister oder irgendein anderes Kind auf die Nerven gingen, bissen Sie schon mal zu. Dann kamen Sie in den Kindergarten. Ihr Freundes- und Bekanntenkreis erweiterte sich schlagartig. Ihr anarchisches Temperament wich dem Bewusstsein, dass für das Zusammenleben gewisse Regeln erforderlich sind (»Teile!« – »Spiel fair!« – »Räum deinen Saustall auf!« – »Entschuldige dich, wenn du Mist gebaut hast!« – »Wenn nichts mehr geht, iss ein Stück Schokolade!«). Sie lernten, wie man (fast) ohne Gewalt und Zickenterror seinen Platz in einer größeren Gruppe behauptet – und trotzdem man selbst bleibt. Damals waren Sie mit sich und Ihrem Leben rundum zufrieden. Das sind Sie heute natürlich immer noch. Keine Frage. Sie sind ja jetzt groß und haben ein eigenes Auto, das Sie selbst fahren dürfen. Trotzdem ist alles irgendwie nicht mehr so schön wie früher.

Denken Sie an die Zeit, als Sie sich zuletzt *so richtig hundertprozentig* glücklich fühlten. Sie erinnern sich nicht? Schon komisch: Obwohl Sie inzwischen die Schule hinter sich gebracht haben und überhaupt deutlich klüger sind als damals, ist Ihnen seit Ihrer Kindheit einiges abhandengekommen. Lockerheit, Fröhlichkeit, Gelassenheit. Wie konnte das passieren?

Geben Sie es zu: Das Erwachsensein hat Ihnen ganz schön zugesetzt. Ihr Urvertrauen ist erschüttert, Ihr Enthusiasmus der Ernüchterung gewichen, Ihr Gefühl von Macht einem Ohnmachtsgefühl. Was nun? Es sieht nicht gut für Sie aus. Sie können die Zeit nicht zurückdrehen. Auch wenn Sie jetzt in der Lage sind, sich Ihr Pausenbrot selbst zu schmieren – in Ihrem Alter werden Sie keinen Kindergartenplatz mehr bekommen. Also haben Sie nur noch drei Möglichkeiten:

a) Sie ergeben sich in das Schicksal aller Unzufriedenen und beißen die Zähne zusammen.
b) Sie warten auf eine Fee, die sich Ihrer 1 000 Probleme annimmt.
c) Sie nehmen das Zepter in die Hand.

Wenn Sie Ihr Leben ändern wollen, rate ich zu c. Dieses Buch zeigt Ihnen, wie Sie sich die Unerschrockenheit Ihrer Kindertage zurückholen und durch imposantes Auftreten in der Erwachsenenwelt dramatische Veränderungen bewirken können ... Denn in diesem Buch geht es um MACHT.

»Macht« ist ein notorisch schwammiger Begriff.[1] »Die Macht der Macht«, schreibt der deutsche Soziologe Niklas Luhmann (1927–1998), »scheint im Wesentlichen auf dem Umstand zu beruhen, dass man nicht genau weiß, um was es sich eigentlich handele«.[2] Machtphänomene sind politisch, militärisch, ideologisch, psychologisch, soziologisch oder ökonomisch bedeutsam – oder alles zusammen. Macht an sich ist weder gut noch schlecht. Das Wort »Macht« geht auf das alt- und mittelhochdeutsche »maht« und das altgotische »magan« für »machen« oder »können« zurück.[3] Macht ist zunächst nur eine Disposition, eine Fähigkeit. Es ist die *Potenz* (von lateinisch *potentia*), Einfluss zu nehmen, etwas bewirken und verändern zu können.

Vom *Potenz*-ial der Macht zur konkreten Machtausübung ist es oft ein langer Weg. Wir sind schließlich nicht allein auf der Welt. Außer uns gibt es Milliarden anderer Menschen, die wie wir Ziele und Interessen verfolgen; Ziele und Interessen, die unserem eigenen Wirken oft empfindlich im Wege stehen. Solange sich unsere Macht *zu* etwas sich nicht als Macht *über* etwas oder jemanden bemerkbar macht, bleibt sie bloße Potenz, bloße Chance. Kein Mensch hat »Macht schlechthin«[4]. Wir alle sind nur so mächtig, wie es unsere Beziehungen zu uns selbst und anderen – je nach Situation – erlauben. Niemand ist ewig mächtig (oder ohnmächtig). Macht ist nichts Statisches, sondern stets in Veränderung begriffen. Sie entsteht in und durch Handeln,[5] wird größer oder kleiner, wächst oder schwindet. Macht ist nicht absolut, sondern relativ. Sie wirkt je nach Kontext, je nach sozialem Gefüge. Macht ist niemandes Besitz.[6] Und: Der Wille zur Macht allein genügt nicht. Man kann sich nicht im luftleeren Raum zum Mächtigsein entschließen. Wenn man nur still bei sich denkt: »Ich bin dann mal mächtig«, und wartet, was geschieht, geschieht gar nichts. Man muss schon ein wenig aktiver werden, den Mund aufmachen, sich artikulieren, kommunizieren[7], *handeln*. Wie mächtig man wirklich ist, was man in seinem Leben bewirken und verändern kann, hängt davon ab, was man aus seinen Beziehungen *macht*.

Die Beziehung der modernen Frau zur Macht ist kompliziert. Die moderne Frau ist so mächtig, dass sie fast schon wieder ohnmächtig ist. Sie *kann* so viel, dass dieses viele sie beinahe unterjocht. Die Frau von heute ist klug, kompetent, engagiert, stilsicher, qualitätsbewusst. Sie ist effizient, produktiv, erfolgreich. Und sie ist extrem diszipliniert. Sie möchte nicht nur beruflich durchstarten, sondern auch eine gute Partnerin, sensationelle Mutter und/oder tolle Freundin sein (bitte möglichst alles gleichzeitig!) – *und* sie möchte dabei stets gut aussehen. Ihre Ansprüche sind hoch, höher, die höchsten. Vor allem die an sich selbst. Ihre Interessensgebiete reichen von Mode, Muffins, Männern und dem MDAX bis hin zu Marathon. Macht gehört eher nicht dazu. Warum eigentlich nicht?

Wenn Sie eine moderne Frau sind und die Vorteile des Mächtigseins entdecken wollen, haben Sie zum richtigen Buch gegriffen. Dieses Buch macht Ihnen Mut zum Umdenken. Es möchte Sie ermächtigen, sich aus der Überdrehungs-und-Anspannungs-Spirale zu befreien, tatsächliche und vermeintliche Abhängigkeiten loszuwerden und Ihre eigene Herrin zu sein, kreativ zu werden, Ihre Mitmenschen zu inspirieren und Großes in Bewegung zu setzen. Es will Sie zu einem Fan der Macht machen, indem es Ihnen beweist, dass Freiheit, Glück und Anerkennung nicht ohne Machtausübung zu haben sind.

Dieses Buch erinnert Sie an Ihre *Potenz*-iale und motiviert Sie, Ihren Mut auszupacken. Den Mut, tätig zu werden, die Ihnen angemessene Position zu erobern und zu erhalten. Den Mut, Sie selbst zu sein und ein Leben zu führen, das nicht nur andere glücklich macht, sondern auch Sie selbst. Wenn Sie zwischen »Glück« und »Macht« partout keine Verbindung herstellen können, weil sich Ihnen schon beim Gedanken an das Wort »Macht« die Zehennägel aufrollen, liegt es vermutlich daran, dass Sie von einem ausschließlich negativen Machtbegriff ausgehen. Sie assoziieren Macht mit Manipulation, Kontrolle, Unterdrückung. Damit haben Sie natürlich nicht ganz unrecht. Macht hat viele Gesichter. Da Machtausübung stets auf einer gewissen Asymmetrie zwischen »Ober« und »Unter« basiert, ist es vom Machtgebrauch zum Machtmissbrauch oft nur ein kleiner Schritt. Aber: Wo Macht Freiheit verhindert, handelt es sich nicht mehr um Macht, sondern um *Zwang*.[8] Der mächtigere »Ober« (der Chef, die Mutter, der Therapeut, die Kanzlerin) muss dem ohnmächtigeren »Unter« (der Mitarbeiterin, dem Kind, dem Patienten, dem Volk) eine wenigstens minimale Möglichkeit lassen, jederzeit frei zu wählen, ob er sich mit dem Willen des »Ober« identifizieren und gehorchen will – oder lieber für eine andere Option votiert. Eine, die das bisherige Machtverhältnis *Potenz*-iell ins Wanken bringt. Jeder Mensch, der nicht unter Zwang steht und keiner körperlichen Gewalt ausgesetzt ist, hat eine Chance aufs Mächtigsein – dadurch, dass er jederzeit anders handeln *kann*.

Die Dramaturgie dieses Buches folgt der Machtentwicklung der modernen Frau im Kampf gegen traditionsreiche Frauenleiden – Automatismen des Denkens, Fühlens und Tuns, die bis in die 1950er-Jahre oder gar ins 19. Jahrhundert zurückreichen. Sie beginnt bei der Beziehung dieser Frau zu sich selbst (Teil I), setzt sich in ihren Beziehungen zu anderen fort (Teil II) und endet bei Wirklichkeit und Möglichkeit weiblicher Macht im Kontext des (angestammt) Männlichen (Teil III). Ob Sie diesen Weg lesend nachvollziehen und Ihre eigenen Konsequenzen daraus ziehen oder lieber intuitiv zwischen den Kapiteln hin- und herspringen: Ihre Macht wird unaufhaltsam wachsen. Denn am Ende jeden Kapitels finden Sie ein »Philosophisches Machtmittel«, das zur sofortigen Verwendung für Sie bereitsteht.

Teil I dreht sich um die gefährliche Angewohnheit moderner Frauen, sich für andere selbst zu optimieren, bis der Arzt kommt. *Frauen am Abgrund* sind Meisterinnen der Selbstausbeutung, der Angst und des schlechten Gewissens. *Kapitel 1* veranschaulicht den Machtkampf, der in der Frau am Abgrund tobt, zeigt, welche Rolle ihr innerer »Herr« und »Knecht« dabei spielen, und schafft die Basis, um die eigene »Knechtschaft« in »Herrschaft« zu verwandeln. *Kapitel 2* widmet sich dem übersteigerten Perfektionismus (»Ich muss!«), legt dar, inwieweit die Jagd nach den 100 Prozent vom – ängstlich-neidischen – Abgleichen mit anderen (Frauen) befeuert wird, und erklärt, wie man es schafft, fünf gerade sein zu lassen. *Kapitel 3* handelt von der Diktatur der Zeit, die die moderne Frau zum Opfer des Minutenzeigers macht. Sie erfahren, was Sie von der chinesischen Philosophie lernen können, um der Boss Ihrer Entscheidungen zu werden. *Kapitel 4* analysiert die Angst der modernen Frau vor dem Versagen, beleuchtet die dahinterliegende Castingshow-Dynamik und erklärt, warum die, die nie scheitert, erst recht scheitert. Es präsentiert wirksame Strategien für die erfolgreiche Bauchlandung.

In *Teil II* des Buchs geht es um moderne Frauen, die den Mund nicht aufmachen oder, wenn sie ihn öffnen, riskieren, überhört zu werden. *Frauen mit Maulkorb* haben einiges zu sagen, fürchten sich aber, es zu tun. *Kapitel 5* untersucht die Art und Weise, wie die Frau mit Maulkorb alles bis ins letzte Detail durchdenkt, zeigt, warum Sprechen und Handeln eins sind, und bietet Mittel für den Ausbruch aus der Grübelfalle. *Kapitel 6* ist dem Jasage-Reflex und der Bedeutung logischer Argumentationskunst für ein (selbst-)mächtiges Auftreten gewidmet. Hier lernen Sie, andere ebenso souverän wie elegant in die Schranken zu weisen. *Kapitel 7* handelt vom Glückskonflikt der modernen Frau, die das Dilemma zwischen (beruflicher) Freiheit und (privater) Abhängigkeit zu lösen versucht, indem sie überall Harmonie verbreitet. Ich zeige, wie man exzessives Harmoniestreben mittels Wut abmildern kann.

In *Teil III* erfahren Sie, was (Ohn-)Macht mit Frausein zu tun hat – genauer, welche Rolle Stereotypen und Normen in Ihrem Leben spielen (oft ohne, dass Sie sich dessen bewusst sind). *Frauen ohne Schnurrbart* erkennen die männliche Norm mehr oder weniger fraglos an – doch zu welchem Preis? *Kapitel 8* befasst sich mit den fatalen Auswirkungen weiblicher Selbstunterschätzung im beruflichen Alltag und ihrem Zusammenhang mit geschlechtsspezifischen Stereotypen und erklärt, wie man sich via Selbstdenken aus der Rolle des Schafs befreit. *Kapitel 9* widmet sich der Partnersuche der schnurrbartlosen Frau und legt dar, warum diese sich oft so mühsam gestaltet. Es zeigt, auf welch verblüffend einfache Weise einem die taoistische Kriegskunst Liebe bescheren kann. *Kapitel 10* spiegelt die Welt der Großkonzerne. Sie erfahren, wie es der männlichen Norm bis heute gelingt, der modernen Spitzenfrau eine bestimmte Kostümierung, einen bestimmten Habitus nahezulegen, der verhindert, dass sie sie selbst sein kann. Und Sie lernen, wie Sie die Hindernisse auf Ihrem Weg nach »oben« mit (wahrer) Erotik und machiavellistischer Tugend aus dem Weg räumen können. *Kapitel 11* liefert Ihnen den ultimativen Grund zur Machtergreifung: Macht ist gut – weil sich Macht und Moral wunderbar verbinden lassen. Dieses letzte Kapitel erhellt die Bedeutung des strategischen Nonkonformismus für eine freie, selbstbestimmte Existenz und plädiert für ein flexibles »Sowohl-als-auch« der Geschlechter, ein künftiges

»Wir«, das weibliche Solidarität wie auch Toleranz und Wertschätzung des männlichen – und jedes *anderen* – Anderen repräsentiert.

Ich widme dieses Buch dem modernen Mann. Jenem, der mehr am weiblich-männlichen/männlich-weiblichen »Wir« interessiert ist als an den Privilegien des Schnurrbartträgers. Ich glaube, er kann eine Menge zur Abschaffung unserer Frauenleiden beitragen. Ich hoffe, dass mein Buch ihm neue Einblicke in das Wesen der Frau von heute geben und ihm zeigen kann, was seine Probleme trotz aller Gemeinsamkeiten von ihren unterscheidet;[9] dass es ihn inspiriert, die moderne Frau auch weiter zu ermutigen, zu werden, was sie ist: mächtig.

Ich weiß, wovon ich schreibe. Ich kenne die modernen Frauen und ihre Leiden persönlich. Ich bin eine von ihnen.

TEIL I

Fußabtreter, Packesel, Zirkuspferde:
FRAUEN AM ABGRUND

I Die Ohnmacht

Das Spannungsfeld zwischen Macht und Ohnmacht bestimmt
nicht nur unsere zwischenmenschlichen Beziehungen, sondern ebenso die Beziehung zu uns selbst. Angenommen, wir
sitzen vor einer Tafel Schokolade. Eine Tafel Schokolade ist
ein meist flaches, rechteckiges, in Alufolie verpacktes lebloses
Objekt, das weder sprechen noch zuschlagen kann. Die Schokolade ist ein Ding, dem vielleicht aufgrund seines Kakao-
anteils eine gewisse euphorisierende Wirkkraft innewohnt,
nicht aber Macht. Wenn ein solches Ding vor uns auf dem
Küchentisch liegt, sollte eigentlich klar sein, wer die Oberhand hat: wir. Denn im Unterschied zur Schokolade sind wir
freie, intelligente Lebewesen. Wir können unsere Beziehung
zu ihr kritisch reflektieren und vernünftigerweise zu dem Ergebnis kommen: »Dieses Objekt schadet meiner Figur wie
auch meinen Zähnen. Deshalb ignoriere ich es einfach.«

Wie wir aus Erfahrung wissen, ist die Folge unserer
scharfsinnigen Überlegung jedoch nicht, dass wir den Raum
verlassen. Die Folge besteht vielmehr darin, dass wir die
Verpackung aufreißen und die braune Süßigkeit verschlin-
gen, als gäbe es kein Morgen. Der wahre Machtkampf er-
eignet sich nämlich nicht zwischen uns und der Schokolade,
sondern in uns selbst, genauer: zwischen unserem Verstand
(unserer Willenskraft) und unserer Begierde. Wie schon der

21

französische Philosoph Baron de Montesquieu (1689–1755) erkannte: »Der Mensch … ist aus den zwei Substanzen zusammengesetzt, deren jede in ihrem Hin- und Widerfließen Herrschaft auferlegt und erleidet.«[10] Manchmal siegt die Ratio, öfter die Leidenschaft.

Nun fristen wir unser Dasein typischerweise nicht isoliert vom Rest der Menschheit an einem Küchentisch. Wir müssen uns tagtäglich nicht nur mit uns selbst, sondern auch mit anderen Lebewesen auseinandersetzen – eine riesige Herausforderung. Aber nicht die Menschen, mit denen wir zu tun haben – nicht unser Partner, nicht die Kinder und nicht der Chef – sind das Problem. Problematisch ist, dass *all* unsere Beziehungen (einschließlich der zu uns selbst) immer auch *Machtbeziehungen* sind. Solange wir das nicht einsehen, werden wir uns immer schwertun, glücklich zu werden. Wir werden uns selbst und den Menschen in unserem Leben – so wie dem Lauf der Dinge insgesamt – auf ewig verwundert gegenüberstehen.

In Beziehungen geht es nicht deshalb auch stets um Macht, weil alle Menschen »Machtmenschen« wären, sondern deshalb, weil Menschen immer irgendwelche Ziele verfolgen, die sie im Zweifel gegen mögliche andere Ziele (die Ziele anderer) verteidigen müssen. Und dafür müssen sie Macht einsetzen. Macht demonstriert die Mutter, die ihrem Kind den Traktor entreißt. Macht hat das Kind, das die Mutter anbrüllt. Die Mutter will ein ordentliches Kinderzimmer, das Kind will spielen. Der Chef will Leistung, der Mitarbeiter Lohnerhöhung. Die Frau will Zärtlichkeit, der Mann Bier. Alle wollen etwas anderes, manche dies, manche jenes, manche nichts, manche alles. Und schon werden Zielkonflikte zu Machtkonflikten. Alle haben Macht – aber nicht alle zur gleichen Zeit, nicht jeder in jeder Situation. Macht ist zu unterschiedlichen Zeitpunkten unterschiedlich verteilt, und einer ist immer mächtiger als ein anderer. Einer setzt immer seinen Willen durch. Einer bestimmt immer die Regeln. Einer ist immer fähig, den Willen der anderen zu brechen. Laut oder leise, brüllend oder schweigend. Bis der Nächste das Ruder in die Hand nimmt …

»Macht«, »möglich« und »(ver)mögen« sind wortgeschichtlich eng verbunden. Macht ist das Vermögen, das Können eines Menschen: die *Potenz* (von lateinisch potentia), die seinen *Potenz*-ialen innewohnt. Macht zeigt sich nicht nur in dem, was jemand tut, sondern auch daran, was er imstande ist, andere tun zu *lassen*. Mächtig ist der, der möglicherweise seine Macht einsetzt, nicht weil er es muss, sondern weil er es *kann*. »Macht bedeutet jede Chance, innerhalb einer sozialen Beziehung den eigenen Willen auch gegen Widerstreben durchzusetzen, gleichviel worauf diese Chance beruht«, schrieb der Soziologe Max Weber (1864–1920).[11]

Wo Macht ist, ist auch Ohnmacht. Wer (aktuell) Macht hat, kann über den Willen und die Ziele anderer bestimmen. Nehmen wir den Chef, zu dem die Angestellten rechtlich wie psychologisch gesehen in einem klaren Abhängigkeitsverhältnis stehen. Es ist eine Tatsache, dass dieser Chef am längeren Hebel sitzt. Der Chef hat die Macht, weil er jederzeit die »Chance« hat, seinen Mitarbeitern das Leben schwer zu machen, besonders seinen weiblichen Mitarbeitern. Er *könnte* ihr Gehalt nicht erhöhen, sie gegenüber ihren männlichen Kollegen degradieren oder sexuell belästigen. Diese bloße Möglichkeit kann dazu führen, dass sich mindestens eine dieser Mitarbeiterinnen freiwillig gefallen lässt, was sie sich nicht gefallen lassen will; dass sie nicht mehr ihre, sondern seine Ziele verfolgt; dass ihrem Gehorchen ein passives Erleiden weicht und sich ein Gefühl der Machtlosigkeit in ihr breitmacht.

Das unschuldige Opfer[12]

Die Erfahrung von Machtlosigkeit ist zunächst ziemlich negativ, ja gefährlich. Erstens hindert sie daran, eigene Ziele zu verfolgen und durchzusetzen. Zweitens lädt sie die Machtlose dazu ein, sich mit der Opferrolle zu identifizieren. Was ist eigentlich ein Opfer? Wenn wir uns selbst oder andere so bezeichnen, geht es ja nie nur um die einfache Tatsache, dass jemand zu Schaden kam. »Opfer« ist immer auch eine kraftvolle Metapher, eine rhetorische Botschaft, die »Unschuld« am erfahrenen Leid signalisiert. Man ist unschuldig, weil man eine komplizierte Mutter, einen psychopathischen Chef, eine launische Schwester, einen tyrannischen Sohn hat, so lautet diese Botschaft. Und: Von einem Unschuldigen darf man nichts fordern, ein Unschuldiger muss geschont werden. Das Problem ist nur: Je mehr diesem Appell gehorcht wird, je mehr Verantwortung man dem betroffenen Opfer folglich abnimmt, desto ohnmächtiger und unfreier fühlt es sich …

Opfer sein ist nicht schön – und trotzdem begehrt. Opfer sein ist längst kein Stigma mehr, Opfer sein ist populär. Verkehrsopfer, Justizopfer, Diskriminierungsopfer, Burn-out-Opfer: Sobald wir die Zeitung aufschlagen oder in eine Talkshow zappen, buhlen sie um unsere Aufmerksamkeit. Lauter Ohnmächtige, Verletzte, Missbrauchte, die fordern, für das Erlittene respektiert und entschädigt zu werden. Opfer sind die (un)heimlichen Stars der Medien. Aber nicht nur Prominente wie Lady Di oder Christian Wulff dürfen sich heute als Opfer darstellen (lassen). Theoretisch darf, *vermag* das jeder. Denn jeder von uns ist doch irgendwie Opfer, unschuldig einer Welt ausgeliefert, die er nicht mehr versteht. Undurchschaubare Faktoren der Globalisierung und Digitalisierung dominieren unser Leben. Sie bestimmen unsere Zukunft, wie lange wir unseren Job behalten dürfen, ob wir befördert oder outgesourct werden. Die Macht scheint überall zu sein, nur nicht bei uns. Wenn wir später nicht von Altersarmut betroffen sein wollen, haben wir nur eine Wahl: mitmachen und funktionieren. Rebellion ist *out,* Selbstverausgabung *in.*

Die moderne Frau ist die Meisterin der Selbstverausgabung.[13] Die Macht ihres Chefs über sie mag groß sein – noch größer ist die Macht, die sie über sich selbst ausübt. Sie braucht keinen Einpeitscher, sie bemächtigt sich ihrer selbst. Sie spielt Fußabtreter, Packesel, Zirkuspferd. Sie überwacht, diszipliniert, maßregelt sich, bis sie nicht mehr weiß, wozu. Sie rackert ohne Ende. Was will diese Frau? Was sind ihre Ziele? Bevor sie antworten kann, souffliert ihr chronisch schlechtes Gewissen: »100 Prozent!« Es mahnt: »Du kannst alles wollen dürfen, im Job, in der Liebe, im Leben! Aber nur, wenn du deine Pflichten zu hundert Prozent erfüllst.« Das schlechte Gewissen verpasst ihrer Willenskraft die Zwangsjacke. Es ist mehr als mächtig: gewalttätig. Es befördert sie an den Abgrund. Aber die Meisterin der Selbstverausgabung kämpft täglich nicht nur mit dem schlechten Gewissen, sondern auch gegen die Müdigkeit an. Sie ist ständig müde, weil sie viel zu viel tun muss und folglich viel zu wenig schläft. Müdigkeit lullt sie ein, trübt ihren Verstand, lässt sie annehmen, die Machtverhältnisse seien ein für alle Mal geklärt. Müdigkeit macht sie glauben, sie sei dazu bestimmt, sich die Probleme anderer anzuhören, Einkäufe zu schleppen und zu springen, wo immer Not am Mann ist. Die Frau am Abgrund ist so müde, dass sie ernsthaft glaubt, ihre Möglichkeiten seien begrenzt.

Woraus man schließen könnte: Wenn alle unschuldige Opfer sind, sind wir Frauen die unschuldigsten. Wir können ja nichts dafür, dass wir so willenlos, so machtlos sind.

Daran sind nur die anderen schuld, die Umstände, die Groß-konzerne, die Männer – die Mächtigen! Während wir doch eigentlich endlich eine Entschädigung verdient haben: ein unproblematisches Kind, einen emanzipierten Partner, einen tollen Urlaub. Oder nicht? »Die Welt ist dafür da, dass du Spaß in ihr hast. Dies steht dir zu, und wenn es dir ver-weigert wird, bist du ein Opfer.« – so fasst der italienische Kulturkritiker Daniele Giglioli die Ethik der Leistungsge-sellschaft zusammen.[14] Eine verlogene Ethik. Solange wir diesem Credo folgen, solange wir nicht bereit sind, den Tat-sachen von Macht und Ohnmacht ins Auge zu sehen, brin-gen wir uns um die Wahrheit. Und die ist: Wir sind weder unschuldig noch steht uns etwas zu. Dafür haben wir eine Menge *Potenz*-iale, die nur darauf warten, von uns entfaltet zu werden. Wir haben etwas, von dem wir oft nicht einmal wissen, dass wir es besitzen!

Herr oder Knecht?

Die Frau am Abgrund hat sich an ihre Ohnmacht gewöhnt. Obwohl sie (rein theoretisch) schon Lust hätte, die Mal-Fuß-abtreter-mal-Packesel-mal-Zirkuspferd-Nummer sein zu las-sen. Leider hat sie aufgrund ihres schlechten Gewissens und ihrer Müdigkeit keine Ahnung, wie sie das anstellen soll. Also macht sie weiter wie bisher. Oder sie bucht ein Coa-ching, um sich in Themen wie »Identifikation mit Kon-fliktpartnern«, »Männliche Kommunikationsmuster« oder »Inneres Kind« unterweisen zu lassen – eine durchaus sinn-volle Maßnahme. Fast noch sinnvoller ist es, bei Georg Fried-rich Wilhelm Hegel (1770–1831) nachzuschlagen, einem der wichtigsten Philosophen des deutschen Idealismus.

Laut Hegel ist die Erfahrung von Machtlosigkeit nicht

negativ, sondern überaus positiv zu bewerten. Denn nur sie kann uns den entscheidenden Anstoß geben, uns weiterzuentwickeln. Die Erklärung finden wir in Hegels legendärem Werk *Die Phänomenologie des Geistes* (1807)[15], wo es an zentraler Stelle um die Entwicklung menschlichen Selbstbewusstseins geht, des Bewusstseins von einem Ich. Um zu wissen, wer dieses Ich ist, brauchen wir die Anerkennung anderer Menschen; nur sie können uns widerspiegeln, dass es uns gibt und dass wir in der Lage sind, durch unser Handeln den Lauf der Dinge (zumindest minimal) zu verändern. Doch Anerkennung bekommt man meist nicht geschenkt; man muss sie sich erkämpfen. In diesem Kampf lässt Hegel zwei sinnbildliche Gegner auftreten: *Herr* und *Knecht*. Anfangs sind die Rollen klar verteilt: Der Knecht arbeitet für den Herrn, um zu überleben – während der Herr sein Macht- und Freiheitsstreben dank der Plackerei des Knechts verwirklichen kann. Aber dieser »Wettbewerbsvorteil« ist nur ein scheinbarer. Die Überlegenheit des Herrn wird zwar durch den Knecht bzw. durch dessen Arbeit beglaubigt. Echte Anerkennung aber kann der Herr von seinem Untergebenen nicht erfahren – da er ihn selbst nicht anerkennt, da er bloß ein Ding in ihm sieht.

Die eigentliche Hauptrolle in dieser philosophischen Parabel spielt der Knecht. Nur er ist wirklich zu einer Entwicklung fähig, während der Herr in seiner Position verharren muss. Was soll der Herr an seiner Lage auch groß ändern können? Er *ist* ja schon frei und mächtig (allerdings nur, weil er die Kontrollgewalt hat und der Knecht sich für ihn abmüht). Der Knecht dagegen ist weitgehend unfrei – aber er hat immerhin eine *Idee* von Freiheit, und diese Idee kann er durch seine Arbeit realisieren. Sie ermöglicht es ihm nämlich, ein anderer zu werden als der, der er ist; der zu werden, der er sein *will*. Die Arbeit »bildet« den Knecht, indem sie ihn mit der Freiheit vertraut macht, die Welt ein Stück weit nach seinen eigenen Vorstellungen zu verändern und damit auch sich selbst zu wandeln (schließlich ist jedes einzelne Ergebnis seiner Tätigkeit *sein* Produkt). Hegel will damit nicht zum Ausdruck bringen, dass Sklaverei begrüßenswert ist. Im Gegenteil, er kritisiert die Ausbeutung menschlicher Kräfte in den Fabriken seiner Zeit, die »Abstumpfung in der Arbeit und Armut, um Reichtum andere sammeln zu lassen«.[16]

Hegel will sagen: Jeder Mensch, der unabhängig, selbstständig, mächtig werden möchte, muss wie der Knecht erfahren haben, wie es ist, *keine* Anerkennung zu bekommen, den »Eigenwillen« nicht frei entfalten zu dürfen. Mit anderen Worten: Ohne das Gefühl von Abhängigkeit, ohne die Erfahrung der Ohnmacht »wird niemand frei, vernünftig und zum Befehlen fähig.« Denn diese Erfahrung liefert die entscheidende Motivation, die Idee von einer freien Lebensgestaltung wirklich werden zu lassen. Laut Hegel gilt für den einzelnen Menschen wie für die Menschheitsgeschichte insgesamt: »Das *wahre* Sein des Menschen ist vielmehr seine *Tat*.« Der *wahre* Knecht ist der Herr, der ohne den Knecht nichts ist. Der *wahre* Herr ist der Knecht, der sich selbst befreit hat.[17] Ist das nicht tröstlich?

Der Machtkampf zwischen Herr und Knecht, Arbeitgeber und Arbeitnehmer, ist nicht nur ein soziales Geschehen. Dieser Kampf findet auch *in uns selbst* statt. Doch es ist eine andere Form der inneren Auseinandersetzung als die, die durch eine Tafel Schokolade provoziert wird. Kampf ist nicht nur, wenn Verlangen und Verstand, Wille und Wollen miteinander ringen, sondern auch, wenn ein Teil von uns Anerkennung begehrt – und der andere ihm diese verwehrt. Frei werden oder Opfer bleiben, Macht oder Ohnmacht: das ist hier die Frage!

Philosophisches Machtmittel Nr. 1:
Potenz-iale entfalten

Ausbleibende Anerkennung ist demütigend und kann zu Magengeschwüren führen. Erliegen Sie deshalb aber nicht der Versuchung, eine Haltung der Ohnmacht einzunehmen. Wer gewohnheitsmäßig mit krummem Rücken und einem Gesichtsausdruck herumschleicht, der an das Leiden Christi erinnert, verbessert seine Lage nicht, sondern verschlimmert sie. Hören Sie auf, sich von anderen wie von sich selbst knechten zu lassen! Und lassen Sie sich bloß nicht von dem »Herrn« über Ihnen einschüchtern (auch nicht, wenn es sich dabei um eine Frau handeln sollte). Denken Sie lieber an die Worte des Aufklärers Jean-Jacques Rousseau (1712–1778), der den jungen Hegel so beeindruckt hatte: »Wer Herr ist, kann nicht frei sein.«[18]

Was haben die Hegel'schen Einsichten mit Ihnen zu tun? Ganz einfach: Wenn jemand frei sein kann, sind Sie es; wenn jemand die Macht hat, sich selbst zu befreien, dann Sie. Noch fühlen Sie sich von allem möglichen abhängig: Ihrem Chef, Ihrer Mutter, Ihrem Coach, Ihrem Terminkalender, Ihrem Gewissen. Doch diese Abhängigkeit besteht nur, weil Sie sich Ihrer selbst noch nicht richtig bewusst geworden sind (Sie sind ja ständig »außer sich!«). Anerkennung wird nur selbst-bewussten Menschen zuteil, und Selbstbewusstsein gründet im Bewusstsein vom eigenen Können: vom Mächtig-Sein-Können. Was Hegels Knecht kann, können Sie auch. Sie müssen nur anfangen, die vorhandenen Freiräume zu nutzen. Jeder Mensch hat Freiräume, und sei es auch nur den Freiraum des Denkens, aus dem neue Ideen entstehen. Auch Sie besitzen einen solchen Freiraum. Niemand hat Sie in Ihre ganz persönliche Knechtschaft gezwungen, außer Sie selbst, das heißt: Ihr schlechtes Gewissen.

Was ist schlecht daran, mächtig sein zu wollen? Nichts. Macht an sich ist weder gut noch schlecht. Es kommt ganz darauf an, wie man sie einsetzt. Viele Frauen scheuen sich davor, etwas besitzen zu wollen, von dem sie meinen, es stünde ihnen nicht zu. Gott sei Dank geht es bei der Macht auch gar nicht darum, sie zu besitzen. Man *kann* Macht gar nicht besitzen, denn sie ist niemandes Eigentum (jedenfalls nicht für immer). Streng genommen gibt es keine »Machthaber«. Es gibt nur »Machthalter«. Und »Machthalterinnen«.

Genauso, wie Sie freiwillig den Weg der Ohnmacht eingeschlagen haben, der an den Abgrund führt, können Sie nun freiwillig den Weg der Macht begehen. Langsam und würdevoll, Schritt für Schritt.

Schritt 1. Bevor Sie irgendetwas tun, sollten Sie sich über Ihre *Potenz*-iale klar werden. Schalten Sie Ihren Denkapparat ein. Falls er sich aufgrund Ihrer chronischen Übermüdung noch im Schlafmodus befindet, wecken Sie ihn einfach auf. Verschaffen Sie ihm – und sich selbst – ein paar neue Impulse. Wagen Sie es: Gehen Sie an die frische Luft und vertiefen Sie sich in die Betrachtung von Menschen, Bäumen oder Hunden. Lassen Sie Worte, Geräusche und Gerüche auf sich wirken und singen oder summen Sie Ihre Lieblingsmelodie.

Immer noch nichts? Vermutlich liegt es einfach daran, dass Ihre Batterien leer sind: Nicht nur, dass Sie zu wenig geschlafen haben, Sie haben auch noch vergessen zu essen. Wenn es zu Ihren Gewohnheiten gehört, ohne eine anständige Mahlzeit von sechs morgens bis zehn abends durchzuackern, sollten Sie nicht erwarten, dass Ihr Gehirn zu großen Sprüngen bereit ist. Füllen Sie also schleunigst Ihren Magen. Denn hungrige Frauen machen sich zu Opfern.

Schritt 2. Denken zählt zu den am meisten missverstandenen Disziplinen überhaupt. Viele moderne Frauen verwechseln Denken mit Grübeln oder damit, an andere zu denken. Nicht so die französische Gelehrte Émilie Marquise du Châtelet (1706–1749). Ihr diente das Denken dazu, sich von dem zu befreien, was der sonst so innovative Rousseau mit weiblicher »Natur« verband: Gefühlsbetontheit, Fürsorglichkeit, Passivität, Sanftmut. Lange vor Hegel schrieb Madame du Châtelet über die Herausforderung, Abhängigkeit in Selbstständigkeit, Knechtschaft in (wahre) Herrschaft zu verwandeln: »Das Erste von allem ist die feste Entschlossenheit zu dem, was man sein will und was man tun will, und gerade sie fehlt fast allen Menschen«, heißt es in ihrer *Rede vom Glück*.[19] Émilie war fest entschlossen, sie selbst zu sein: eine Schriftstellerin, die weiß, was sie kann (denken!), und die tut, was sie vermag (schreiben!). Sie erkannte sich lieber erst einmal selbst an, anstatt darauf zu warten, von den männlichen Intellektuellen ihrer Zeit anerkannt zu werden. (Nachdem sie Isaac Newtons *Mathematische Grundlagen der Naturphilosophie*[20] ins Französische übersetzt hatte, kam die Anerkennung übrigens von selbst.) Émilie war keine vertrocknete Elfenbeinturmgelehrte, sondern eine sehr leidenschaftliche Frau. Nach der Geburt ihrer drei Kinder hatte sie zahlreiche Affären, die längste und leidenschaftlichste mit keinem Geringeren als Voltaire (1694–1778). Es war Émilie, die Voltaire – der sich bis dahin hauptsächlich als Autor von Schmähschriften und Tragödien hervorgetan hatte – überhaupt erst dazu brachte, sich mit der Abstraktion philosophischer Begriffe anzufreunden. Nebenbei verfasste sie acht ernst zu nehmende Werke aus den Bereichen Physik, Philosophie und Mathematik (darunter die Newton-Übersetzung) und bewies auch noch großes Talent als Theaterschauspielerin.

Kommen Sie jetzt nur nicht auf die Idee, sich mit Madame du Châtelet zu vergleichen (es sei denn, Sie stammen auch aus dem Hochadel). Ihr schlechtes Gewissen ist hier – wie in fast allen anderen Situationen auch – vollkommen fehl am Platz. Was die Grande Dame der Aufklärung über ihr eigenes Ich sagte, gilt genauso auch für Ihres: »Ich bin ein eigener Mensch und mir allein verantwortlich für alles, was ich bin oder tue.«[21]

Schritt 3. Wenn Sie sich durch die Vertilgung eines Brathuhns und das Memorieren dieses brillanten Gedankens in Stellung gebracht haben, führen Sie sich das ganze Ausmaß Ihrer Machtlosigkeit vor Augen. Lassen Sie alle Situationen, in denen Sie sich als Fußabtreter, Packesel und Zirkuspferd missbrauchen oder sonst wie knechten haben lassen, Revue passieren. Machen Sie sich anschließend bewusst, dass Machtlosigkeit nur *ein* Teil von Ihnen ist. Der andere ist Macht, *Potenz* – das *Potenz*-ial, sich selbst zu befreien. Konzentrieren Sie sich jetzt auf den bisher vernachlässigten mächtigen Teil Ihrer selbst: Erstellen Sie eine Liste Ihrer Fähigkeiten. Fähigkeiten? Viele von uns haben vor lauter Pflichterfüllung vergessen, wozu sie fähig waren oder sind, so wie sie auch vergessen haben, was sie wollen. Wenn Sie aufschreiben, was Sie können, versuchen Sie nicht zu tricksen. Verzichten Sie auf fantastische, aber vage Begriffe wie »Sozialkompetenz« oder »Empathie«. Kramen Sie lieber in Ihrer Erinnerung und notieren Sie, was Sie sich bisher ganz konkret erarbeitet haben, im Beruflichen wie im Privaten – und destillieren Sie hieraus Ihr Können: die Monologe Ihres Chefs in einem Satz zusammenfassen, Flüchtigkeitsfehler vermeiden, Freundschaften erhalten, die beste Bouillabaisse der Welt servieren, idiomatisch korrektes Englisch sprechen, schlecht gelaunten Menschen ein Lächeln auf die Lippen zaubern usw.

Schritt 4. Verweigern Sie sich der Opferrolle und befreien Sie sich selbst. Träumen Sie nicht länger von einer Entschädigung. Sehen Sie der Wahrheit ins Auge: Niemand wird Sie entschädigen, wenn Sie es nicht selbst tun. Wenn Sie jetzt nicht das Zepter in die Hand nehmen, wird ein anderer es tun. Niemand kann Sie in die Machtlosigkeit zwingen, Sie sind frei, zwischen Macht und Ohnmacht zu wählen. Wählen Sie die Macht, bevor ein anderer Ihnen zuvorkommt. Wählen Sie das, was Ihnen und Ihrem Können entspricht. Ein mageres Gehalt und ein winziger Schreibtisch sind keine vollendeten Tatsachen – ebenso wenig wie tyrannische Verwandte oder massive Selbstzweifel. All das sind Standardsituationen der Knechtschaft, die nur darauf warten, in herrschaftlicher Weise von Ihnen umgestaltet zu werden. Macht hat mit »machen« zu tun, aber bei diesem Machen geht es nicht darum, dass man etwas herstellt, einen Häkelpullover oder einen Kuchen. Dieses Machen hat auch nichts mit Leisten zu tun – leisten tun Sie ja schon zur Genüge. Beim machtmäßigen Machen geht es um Ihre Beziehungen. Es ist ein Machen, das sich an bestimmte Adressaten richtet, an Leute, die veranlasst werden sollen, etwas zu tun, das Ihren eigenen Zielen und Werten entspricht. Sie können nie wissen, was Ihre Machtausübung bewirkt (bei anderen wie in Ihnen selbst) – Sie müssen stets mit Rückschlägen rechnen, Anfeindungen, Widerstand, Widerspruch. Aber Sie können sicher sein, dass Ihr Machen Ihnen genau die Anerkennung beschert, die Sie sich immer gewünscht haben. Was machen und wie? Schlagen Sie ein beliebiges Kapitel auf und legen Sie los.

2   Der übersteigerte Perfektionismus

Ameisen sind äußerst fleißige Tiere. Die Arbeiterinnen unter ihnen schuften im Innen- wie im Außendienst. Sie kümmern sich um Eier und Puppen, füttern Larven, bauen und säubern das Nest, regulieren das Nestklima und schaffen Nahrung herbei. Moderne Frauen sind nicht minder fleißig. Wie jene Gliederfüßer sind sie in der Lage, blitzschnell von einem zu einem anderen Aufgabenbereich zu wechseln. Moderne Frauen sind flexibel spezialisiert. Sie können von der Brutpflege zum Geldverdienen umschalten und umgekehrt, je nachdem, was gerade auf dem Programm steht. Wie ihre Pendants aus der Welt der Insekten sind sie so konstruiert, dass sie auf verschiedenen Ebenen perfekt funktionieren. Moderne Frauen wissen instinktiv, welche Rolle sie einnehmen müssen: ob sie den Fußabtreter, den Packesel oder das Zirkuspferd geben sollen. Dabei bilden sie sich nicht das Geringste auf ihre Fähigkeiten ein. Oft sind sie nicht einmal sicher, ob sie überhaupt welche haben (→ Kap. 8). Sie gehen einfach ihren Aufgaben nach. Wie die Ameisen-Arbeiterinnen haben sie nur ein einziges Manko: Sie können nicht fliegen ...

Natürlich gibt es auch einen großen Unterschied zwischen beiden Sorten von Arbeiterinnen: Anders als die Ameise besitzt die moderne Frau kleine graue Zellen, die sie antreiben, die ihr eigene Perfektion noch weiter zu per-fektionieren. Während sie Excel-Tabellen erstellt, Schnitzel brät, Gewichte stemmt und Kindertränen trocknet, befin-den sich diese Zellen auf höchster Aktivierungsstufe, um in Sekundenschnelle Berechnungen, Bewertungen und Befürch-tungen herauszuschleudern. Dieser Schleuderprozess dient nicht nur der Erledigung ihres gewaltigen Pensums, er ver-deckt auch den Machtkampf, der in ihr tobt. Einen Macht-kampf, von dem sie nichts weiß oder nichts wissen will und der umso heftiger tobt, je mehr sie ihn mit Gedanken an die nächste Aufgabe zu überdecken sucht. Es ist der Kampf der Perfektionistin gegen sich selbst: Ihr vernünftiges, unange-passtes Ich kämpft für die Freiheit (Herrschaft!), ihr unver-nünftiges, angepasstes Ich für die Abhängigkeit (Knecht-schaft!). Solange sie nicht weiß, was sie *wirklich* will, bleibt dieser Kampf unentschieden. So lange will sie immer beides: frei sein *und* abhängig sein. Bevor sie dieses Dilemma nicht erkennt – und bevor sie nicht sieht, dass es einen Ausweg aus diesem Dilemma gibt, will sie das Unmögliche. Die 100 Prozent. Die absolute Perfektion auf allen Gebieten. Diese kann sie jedoch nur durch stete *Selbst-Beherrschung* erreichen, dadurch, dass sie sich durch ihr überperfektes Tun zum Opfer macht. Und sich sogar da, wo sie 99,6 Pro-zent erreicht hat, von ihrem Gewissen Schuldgefühle diktie-ren lässt.

Um diese Schuldgefühle loszuwerden, um sich zu beherr-schen und anzutreiben, braucht diese Frau weder Kokain noch Neuro-Enhancer. Ihr genügen zwei kleine Worte: *»Ich muss!«* Mit diesem Zaubertrick gelingt es ihr, ihre Träume, Wünsche und Bedürfnisse in einer dunklen Schublade ver-schwinden zu lassen und sich perfekt auf ihre Aufgaben zu konzentrieren – und sich Schritt für Schritt dem Abgrund zu nähern.

»Ich muss« Frühstück machen! »Ich muss« die Schwiegereltern anrufen! »Ich muss« eine überzeugende und zugleich witzige Präsentation erstellen! »Ich muss« die Anzüge aus der Reinigung abholen. »Ich muss« den Urlaub buchen, die Mathe-Hausaufgaben kontrollieren, die schwangere Kollegin vertreten und mindestens sechs Kunden akquirieren! Haben wir da nicht eine Kleinigkeit vergessen? Natürlich! »Ich muss« ein Power-Plate anschaffen. Denn ohne Training geht gar nichts. »Ich muss« ist wie eine Maske, die sich die ehrgeizigsten Arbeiterinnen unter uns frühmorgens umschnallen, um sie erst spätabends wieder abzulegen. Die Maske der Selbstoptimierung, der Effizienzsteigerung, der Überperfektion. Durch tätiges Handeln tüchtig sein, lautet das Motto.

Moment. Was soll daran falsch sein? Gibt der Ehrgeiz der modernen Arbeiterin nicht den Worten Hegels recht: »Das *wahre* Sein des Menschen ist vielmehr seine *Tat*«? *Tut* die moderne Arbeiterin nicht genau das, was Hegel von ihr verlangen würde: sich durch Potenzialentfaltung selbst zu befreien? (→ Kap. 1) Wie kann sie Knecht, wie kann sie Opfer sein, wo sie doch nichts anderes tut, als ihre Möglichkeiten unter Beweis zu stellen, ihrer »Pflicht zur Selbstwerdung«, wie der deutsche Soziologe Heinz Bude schreibt, gerecht zu werden?[22] Wird sie durch ihr stetes Machen nicht auch stetig mächtiger? Achtung: Potenzial ist nicht gleich *Potenz*-ial. Nicht jede Potenzialentfaltung dient der Machtentfaltung. Es kommt ganz darauf an, was wir meinen, wenn wir von *Potenz*-ial reden. Es kommt darauf an, wie dieser Begriff verwendet und gelebt wird – ob im volkswirtschaftlichen oder im philosophischen Sinne. Ökonomisch betrachtet ist ein *Potenz*-ial ein »Arbeitsvermögen für unterschiedliche Projekte« (Heinz Bude) – denken wir an die Ameisen! –, aus philosophischer Sicht ist es ein *Potenz*-ial, also ein Können, dem die Macht innewohnt, ein freies, gutes, glückliches Leben herbeizuführen.

Moment. Kann nicht auch eine menschliche Ameise glücklich sein? Sagt sie nicht: »Super!«, wenn man fragt, wie es ihr geht? Ist ihrer »Ich muss«-Maske nicht ein strahlendes Lächeln eingeritzt?[23] Aber natürlich ist sie glücklich! Sie hat sich schließlich einiges erarbeitet: eine eigene Familie, einen guten Job, einen stabilen Freundeskreis. Darauf kann sie zu Recht stolz sein. Objektiv betrachtet geht es ihr gut. Ihre Kinder lieben sie, und sie bringt ihr eigenes Geld nach Hause. Leider spielt ihr objektives Wohlbefinden verglichen mit dem, wie *andere* ihr Wohlbefinden einschätzen – und wie sie selbst das Wohlbefinden *anderer* einschätzt! –, nur eine untergeordnete Rolle für sie.

Es ist das ständige Vergleichen, Abgleichen, Messen mit anderen – vor allem mit anderen Frauen –, das das Wohlbefinden der Perfektionistin beeinträchtigt. Und es ihr sehr schwer macht, länger als fünf Minuten glücklich zu sein. Sieht sie Anke, die den Spagat zwischen Hühnersuppe und Videokonferenz um drei Prozent eleganter hinbringt als sie selbst, kommt sie ins Grübeln (→ Kap. 4). Sieht sie Lena, die in puncto Haushalt und Kinderbetreuung vier Prozent mehr männliche Unterstützung erfährt, befallen sie Selbstzweifel. Kriegt sie mit, wie Kathrin und Maja unter der Woche mitten am Nachmittag ohne speziellen Anlass Cappuccino trinken gehen, denkt sie: »Das könnte ich nicht.« Und meint: »*Ich* könnte den Anschluss verlieren!« Den Anschluss an die, die bessere Mütter, Partnerinnen, Mitarbeiterinnen, Freundinnen, Managerinnen sind als sie selbst; es jedenfalls sein *könnten*. Nicht eine Sekunde kommt es ihr in den Sinn, dass ihre Wahrnehmung wegen Übermüdung und Überlastung ihrer grauen Zellen vielleicht doch leicht verzerrt ist.

Doch es ist nicht die Schuld der Überperfektionistin, dass ihr unvernünftiges, angepasstes Ich so oft die Oberhand über ihr vernünftiges, unangepasstes Ich gewinnt. Jeder von uns, die heute den Weg der Ohnmacht verlassen und den Weg der Macht einschlagen will, steht ein schwerer Kampf bevor. Wir alle müssen mit einem besonders gemeinen, weil unsichtbaren Gegner fertigwerden: dem *Zeitgeist,* der wie zäher Smog über allem wabert. Der Zeitgeist ruft uns zu: »Hey, du kannst *alles* haben! Du musst nur genug leisten und ein bisschen schnell machen, denn deine tollen Aussichten könnten schon bald getrübt werden – von der Völkerwanderung, den Flüchtlingen, der Armut, dem Rechtspopulismus, dem Linkspopulismus, der Datenüberwachung, dem Islamismus, Wladimir Putin und vielem mehr.« Der Zeitgeist will, dass alles so bleibt, wie es ist. Nur besser natürlich. Er will immer recht haben. Er will uns Angst machen. Und er mag es gar nicht, wenn man ihm widerspricht. Erwägt man, auf sein »Arbeitsvermögen für unterschiedliche Projekte« zu pfeifen und sich stattdessen der Entfaltung seiner *Potenz*-iale zu widmen, schlägt er sofort zu. Er drängt einen zurück in die Reihe der Frauen, die einander gleichen wie ein perfektes Ei dem anderen.

Der Zeitgeist liebt den Konformismus. So sehr, dass er uns am liebsten in die 1950er-Jahre katapultieren würde. Aus dieser Ära stammt das berühmte Werk *Die einsame Masse*[24] des amerikanischen Soziologen David Riesman (1909–2002), das vom »außengeleiteten Charakter« handelt: ein Menschentypus, der (wie die Ameise) fleißig arbeitet und nie zu viel riskiert, sondern lieber zwischen verschiedenen Aufgabenbereichen hin und her navigiert; der (wie die moderne Frau) extrem viel darauf gibt, was die anderen tun, wie sie ihn sehen, was sie von ihm erwarten, wie sehr sie ihn mögen. Welche Ziele der außengeleitete Typ auch verfolgt – er wird nicht von eigenen Wünschen und Träumen, sondern von Ideen und Vorstellungen anderer gesteuert. Derer, die er persönlich oder aus den Medien kennt und mit denen er möglichst einer Meinung ist. Mit diesen anderen steht der Außengeleitete in stetem Kontakt, mit ihnen kommuniziert er am laufenden Band. Er muss einfach wissen, was sie von ihm halten, damit er *re*agieren kann. Die anderen geben ihm aber keine echte Orientierung – sie halten sich ja genauso an ihm fest wie er an ihnen. »Die Idee, dass alle Menschen frei und gleich geboren sind, ist sowohl richtig als auch irreführend«, so Riesman. »Alle Menschen sind verschieden; sie verlieren ihre gesellschaftliche Freiheit und ihre individuelle Autonomie, indem sie versuchen, sich einander gleich zu machen.«[25]

Vom Neid

Die moderne Frau wird nicht zur Perfektionistin, weil sie es (wirklich) will. Sie wird es aufgrund ihrer Außenlenkung. Weil sie von den anderen anerkannt werden will. Ist ihr Motiv nicht allzu verständlich? Braucht nicht jeder Mensch Anerkennung, egal welchen Geschlechts, welchen Alters, welcher Epoche? Schon Hegel wusste um die Bedeutung der Anerkennung für das menschliche Selbst-Bewusstsein (→ Kap. 1). Nur: Wie soll man ein Ich *an*erkennen, das sich gar nicht zu *er*kennen gibt, das sich hinter seiner »Ich muss«-Maske versteckt, um so perfekt zu erscheinen wie die anderen? Ganz einfach. Man tut nur so, als würde man es anerkennen. »Man«, das sind die Leute aus der »einsamen Masse«, deren Zustimmung die Überperfektionistin ersehnt: »Die Zustimmung selbst ist das einzig eindeutig Gute ..., egal was sie beinhaltet: Man hat es zu etwas gebracht, wenn man Zustimmung bekommt«, schreibt Riesman 1950. »So liegt alle Macht, und nicht nur ein Teil der Macht, in den Händen der tatsächlichen oder imaginären zustimmenden Gruppe.«[26]

Wenn man die »Ich muss«-Frau *liked,* ihre übermenschlichen Leistungen mit »Super!« quittiert, motiviert man sie ganz und gar nicht, den Schleuderprozess ihrer kleinen grauen Zellen abzustellen und ihre Gedanken in eine andere Richtung zu drehen. Man spornt sie vielmehr an, sich auch weiter konform zu verhalten, nicht auszuscheren und kontinuierlich vor sich hin zu ameisen. Wenn ein Chef zu seiner Mitarbeiterin sagt: »Sie sind eine tolle Mitarbeiterin!«, wenn ein Mann zu seiner Frau sagt: »Wir sind ein tolles Team!«, wenn eine Freundin zur anderen sagt: »Du bist toll schlank!«, wirkt dies wie eine Vitaminspritze für die jeweilige Perfektionistin. Plötzlich sind all ihre Ängste, Zweifel, Befürchtungen, Besorgnisse gebannt. Mit einem Schlag fühlt sie sich frei und mächtig. Circa fünf Minuten lang. Dann schaut sie auf die Uhr (→ Kap. 3) – und wird von Panik ergriffen.

Hinter dem »Ich muss« verstecken sich unangenehme Gefühle, die immer mit den Erwartungen und der Situation anderer Leute zu tun haben. Schuldgefühle. Versagensangst. Stressangst. Angst, nicht mithalten zu können. Im Wettlauf um den Titel der besten Mitarbeiterin, der beliebtesten Kollegin, der empathischsten Ehefrau, der coolsten Mutter nur Platz zwei zu belegen. Und Neid. Neid? Jawohl. Neid auf die Männer, die weniger kämpfen müssen als wir. Und Neid auf die anderen Frauen. Besonders auf die, die irgendwie alles besser machen als wir. Irgendwie immer glücklicher sind. Der Neid ist ein Verwandter der Eifersucht und des

Hasses. Von *re*aktiven Gefühlen, die aus Ohnmacht entstehen – die Friedrich Nietzsche (1844–1900) mit dem »Giftauge des Ressentiments« verband. Daraus folgt: Je perfektionistischer die moderne Frau, desto außengelenkter. Und je außengelenkter, desto ohnmächtiger. Begegnet die Außengelenkte einer Frau, die ihr perfekter scheint als sie selbst, *muss* sie sich verletzt, gekränkt fühlen. Was sie durch all ihr Denken und Tun zurückzudrängen versuchte, erfasst sie nun mit voller Wucht: Ohnmacht. Ohnmacht gegenüber denen, die ihr ihre Unzulänglichkeit spiegeln. Ohnmacht aber auch sich selbst, dem eigenen Leben gegenüber.

Die Folge dieser demütigenden Erfahrung ist jedoch nicht, dass die Perfektionsarbeiterin alles stehen und liegen lässt und versucht, mächtig zu werden. Die Folge ist vielmehr, dass sie einen Zahn zulegt. Ihre grauen Zellen schleudern wie wild ihre Berechnungen, Bewertungen und Befürchtungen heraus, sie erledigt alles noch schneller, noch gleichzeitiger, noch selbst-beherrschter, noch perfekter. Und immer noch bleibt die echte Anerkennung aus. Obwohl sie nichts tut, als sich anzustrengen … bis irgendwann nicht mehr alles so »Super!« ist. Der Zauber des »Ich muss!« nicht mehr wirkt. Bis die Batterien leer sind, alles nur noch stresst, alles Angst macht, alles zu viel ist. Und dann: Kapitulation. Resignation. Identifikation mit der Opferrolle (→ Kap. 1). Der Abgrund rückt näher. Und das Glück in weite Ferne.

Das Bedürfnis nach der Zustimmung anderer Leute ist verständlich, aber gefährlich. Wenn wir den anderen die Zügel überlassen, begehen wir einen Fehler, der schwerer wiegt als das Vergehen, an einem Tag nur 97 Prozent erreicht zu haben. Denn diese anderen meinen es ja nicht unbedingt gut mit uns. »Wir suchen unser Glück außerhalb von uns selbst«, schreibt der französische Moralist Jean de La Bruyère

(1645–1696), »noch dazu im Urteil der Menschen, die wir doch als kriecherisch kennen und als wenig aufrichtig, als Menschen ohne Sinn für Gerechtigkeit, voller Missgunst, Launen und Vorurteile: Welch eine Verrücktheit!«[27]

Der Imperativ der – ökonomisch definierten – Potenzialentfaltung, der euphorische Ruf nach »Mobilisierung des Könnens in alle Richtungen und auf allen Ebenen« (Heinz Bude), nach steter Perfektionierung und Selbstoptimierung, verspricht eine große Belohnung: den Applaus der anderen. Und er hat fatale Auswirkungen auf unser Selbstverständnis. Jener Ruf bewirkt nämlich genau nicht, dass wir frei und mächtig werden, sondern dass wir versuchen, so zu sein wie die anderen (nur perfekter!). Solange wir diesem Imperativ folgen, hat unser unvernünftiges, angepasstes Ich die Oberhand. Solange bleiben wir Teil der »einsamen Masse«. Dabei ist jeder Moment eine neue Chance (→ Kap. 3) – jeder bietet die Möglichkeit, vom Abgrund zurückzuweichen und unsere *Potenz* zu entfalten. Wir müssen nur anfangen, unser vernünftiges, unangepasstes Ich als unser wahres anzuerkennen. Wenn wir es nicht tun, tut es keine(r).

Philosophisches Machtmittel Nr. 2:
Die wahren Werte erkennen

Macht hat mit machen zu tun. Und mit machen *lassen.* Es geht darum, jemanden etwas tun zu lassen, das *Ihren* Zielen und Werten entspricht. Wenn Sie an übersteigertem Perfektionismus leiden, ist dieser Jemand *Sie selbst.* Lassen Sie sich einmal selbst machen! Lassen Sie sich gewähren. Überlassen Sie die Macht nicht einer Masse außengelenkter, vereinsamter Hirnloser – erteilen Sie sich selbst die Macht über

Ihr Leben. Das ist durchaus machbar. Sie müssen nur wissen, was Sie (wirklich) wollen.

»Der Wille zur Macht«, schreibt Friedrich Nietzsche, »ist nicht ein Sein, nicht ein Werden, sondern ein *Pathos* ist die elementarste Tatsache, aus der sich ein Werden, ein Wirken ergibt.«[28] Mit anderen Worten: Macht beginnt mit einem *Gefühl.* Dem Gefühl, etwas bewirken zu können – im Verhältnis zur eigenen Person wie zu allen anderen. Versuchen Sie, diesem Gefühl Raum zu geben. Das funktioniert am besten, wenn Sie aufhören, nach der Zustimmung der anderen zu lechzen. Einer Zustimmung, die keine echte Anerkennung ist, sondern nur dazu dient, Sie klein zu halten! Machtgefühl entsteht, wenn Sie anfangen, sich selbst anzuerkennen. Dazu müssen Sie natürlich erst einmal herausfinden, was dieses Selbst ist, wer *Sie* sind – gar nicht so leicht in einer Zeit stumpfer Außenlenkung. Erst recht nicht, wenn Sie zu den Frauen am Abgrund gehören. Dann wissen Sie eher, als was Sie *gelten,* welche Rolle Sie innerhalb der menschlichen Komödie innehaben »müssen«: die Perfekte!

Veranlassen Sie sich dazu, das, was Sie gerade tun, sein zu lassen. Suchen Sie sich einen ruhigen, wohltemperierten Raum oder treten Sie kurz ins Freie.

Schritt 1. Prüfen Sie, wie es um Ihr Machtgefühl steht. Wenn es noch zu sehr von Ihrem schlechten Gewissen, Ihrer Angst, Ihren Selbstzweifeln und dem Schleuderprozess Ihrer kleinen grauen Zellen in Schach gehalten wird, machen Sie sich klar: Was Sie da gerade tun, ist keine Aufgabe, keine Pflicht. Sie tun es nur für sich selbst. An sich selbst zu denken ist *nicht* egoistisch, sondern klug. Denn es bewahrt Sie vor der systematischen Grenzüberschreitung, vor dem Abgrund – dem Zusammenbruch (der Depression und anderen Unannehmlichkeiten). Sich selbst zu ignorieren ist dagegen nicht

nur unklug, sondern auch *egoistisch:* Die mangelnde Anerkennung Ihrer selbst, die Respektlosigkeit gegenüber Ihren
eigenen Wünschen und Bedürfnissen ist nichts als eine in-
direkte und ziemlich unverschämte Aufforderung an Ihre
Familie und Freunde, Ihren Zusammenbruch gefälligst zu
verhindern. An wen sonst? An Sie selbst sicher nicht. Da Sie
sich um alle und alles andere kümmern »müssen«, können
Sie sich ja gar nicht um sich kümmern. Ihr totales Verantwortungsbewusstsein auf der einen Seite entspricht Ihrer
totalen Verantwortungslosigkeit auf der anderen. Seien Sie
ehrlich: Gefällt Ihnen die Vorstellung, ohnmächtig am Boden
zu liegen, während Ihr Mann, Ihre Eltern, Kinder, Freunde,
Freundinnen Ihre Scherben zusammenklauben?

Schritt 2. Was Sie brauchen, sind weder Selbstzweifel noch
gut getarnte Ressentiments, sondern *Mut zur Macht.* Mutig
kann man nur sein, wenn man Vertrauen hat – eine Tugend,
die Sie sich wahrscheinlich längst abtrainiert haben. Um Ihr
Vertrauen wiederzufinden, befassen Sie sich am besten ein
wenig mit Geschichte. Mit Frauen, die Ihnen vorangingen
und wichtige Botschaften für Sie hinterließen, wie etwa die
große Philosophin und Dichterin Christine de Pizan (1365–
1429).[29] In Christines Leben läuft zunächst auch alles perfekt. Als sie drei Jahre alt ist, wird ihr Vater als Arzt und
Astrologe von Karl V. nach Paris beordert. Dort schmökert
sie nach Lust und Laune in der königlichen Bibliothek, liest
antike philosophische Werke, studiert humanistische Schriften und lernt Sprachen. Dann stirbt Karl V. und Christines
Vater verliert seine privilegierte Stellung. Wenig später stirbt
auch ihr Mann, und mit der Perfektion ist es endgültig vorbei. Plötzlich muss sie ihre Kinder und ihre Mutter allein
versorgen (und das im Frankreich des Hundertjährigen
Krieges). Doch Christine sagt nicht »Ich muss«. Sie vertraut

auf ihre geistigen Fähigkeiten. Sie fängt an, Liebesballaden und Hirtengedichte zu schreiben, vermeintlich harmlose Poesie, in die sie ihre Kritik am zeitgenössischen Umgang mit Witwen streut. Christine vertraut auch auf ihren Geschäftssinn. Sie lässt ihre Handschriften binden und mit handgemalten Miniaturen ausstatten, auf denen ihre adligen Kunden abgebildet sind. Und sie vertraut auf ihre Überzeugungskraft. Sie empört sich auch öffentlich über die Frauenfeindlichkeit mächtiger Hochschulprofessoren und entfacht eine Debatte über die Darstellung von Frauen in literarischen Werken. In ihrem berühmten *Buch von der Stadt der Frauen*[30] erinnert sie an die Größe vergangener Herrscherinnen, Gelehrter und Künstlerinnen. Nie hört sie auf zu lesen und zu lernen: »Ganz wie ein Mann ... schlage ich, die Welt betrachtend, die voller gefährlicher Fallstricke ist und in der es nur einen Weg gibt, nämlich den der Wahrheit, schlage ich den Pfad ein, zu dem mein Wesen neigt, nämlich den des Studiums ...«[31]

Wie die Ameise, wie die ehrgeizige Perfektionsarbeiterin von heute besaß auch Christine de Pizan keine Flügel. Anstatt sich aber mit diesem Manko abzufinden und brav die Rolle der bedürftigen Witwe zu erfüllen, beflügelte sie sich: durch ihr Vertrauen in sich selbst und die eigenen Möglichkeiten. Ihre Rechnung ging auf. Was Christine konnte, können Sie auch. Vorausgesetzt, Sie wagen den nächsten Schritt.

Schritt 3. Wenn Sie sich ein wenig mit dem Gedanken angefreundet haben, dass Vertrauen doch besser ist als Kontrolle, werfen Sie einen kritischen Blick auf die Ursache Ihrer misslichen Lage: Ihr Streben nach dem Unmöglichen (den 100 Prozent). Der übersteigerte Perfektionismus verhindert, dass Sie Ihre wahren Werte und Prioritäten erkennen.

Er bewirkt, dass Sie allem und allen gleich viel Wert beimessen – den Kindern, dem Job, dem Partner, den Eltern, den Schwiegereltern, den anderen Leuten. Allem und allen, außer sich selbst. Natürlich sind Sie frei, sich ganz mit der Rolle der Perfekten zu identifizieren. Aber was ist der Preis? Pseudoanerkennung. Burn-out. Ohnmacht. Wandeln am Abgrund. Unkenntnis der eigenen Person und Ihrer wahren Möglichkeiten.

Wer oder was Sie sind, wird wesentlich von Ihren Werteüberzeugungen bestimmt – von dem, was weder wichtig noch dringend ist, sondern was Sie *wirklich* wollen. Fragen Sie sich daher ernsthaft: Wofür lebe ich? Suchen Sie nicht nach der perfekten Antwort, sondern lassen Sie die Frage in Ruhe auf sich wirken. Notieren Sie das Ergebnis – oder vertrauen Sie darauf, dass Sie schon noch zu einem Ergebnis kommen werden …

Schritt 4. … zum Beispiel, indem Sie sich daran erinnern, was Sie waren, bevor Sie sich die Rolle der Überperfektionistin auferlegten. Ein Kind, das nicht nur fliegen konnte (zumindest in der Fantasie), sondern auch ganz schön wilde Träume hatte. Fragen Sie sich: »Wofür habe ich gelebt?« Schreiben Sie auf, was Sie damals wollten, auch wenn es Ihnen noch so surreal erscheint: ein Pferd, eine eigene Tierarztpraxis, fünf Kinder, einen Schrank voller Barbies usw. Möglich, dass es Ihnen aufgrund Ihrer gewohnheitsmäßigen Zukunftsfixiertheit (→ Kap. 3) schwerfällt, so weit zurückzudenken. In diesem Fall entwerfen Sie einfach Ihre ganz persönliche Utopie: »Wofür *würde* ich gern leben?« Wenn Sie das nicht wagen oder den Sinn dieser Übung nicht sehen, schenken Sie David Riesman Gehör: »Wenn die außengelenkten Leute einmal erkennen, wie viel nutzlose Arbeit sie verrichten, wenn sie entdecken, dass ihre eigenen Gedanken und Leben genauso interessant wie die der anderen sind und dass sie so wenig ihre Einsamkeit in einer Gruppe Gleichgesinnter lindern, wie sie ihren Durst mit Meerwasser stillen können – dann werden sie wahrscheinlich mehr auf ihre eigenen Gefühle und Sehnsüchte achten.«[32]

Schritt 5. Sobald Sie anfangen, sich mehr nach Ihren eigenen Zielen und Werten zu richten und weniger nach den vermeintlichen Vorgaben anderer, werden Sie automatisch weniger perfekt sein. Das hat zwei Vorteile: Erstens werden Sie sich selbst besser kennenlernen. Sie werden endlich erfahren, wer sich hinter der Ameisen-Maske verbirgt! Zweitens wird man Sie nicht mehr beneiden, weil Sie alles so toll im Griff haben. Man wird Sie beneiden, weil Sie freier und mächtiger geworden sind. Weil Sie sich trauen und darauf vertrauen, Sie selbst zu sein. Wenn Leute Sie dafür beneiden, dass Sie die Macht haben, Sie selbst zu sein, und das zu realisieren, was Ihnen wirklich wichtig ist, können Sie stolz auf sich sein. Denn dann verbirgt sich hinter diesem Neid echte Bewunderung, echte Anerkennung.

Wagen Sie jetzt ein kleines Experiment: Verlassen Sie den kontemplativen Modus und mischen Sie sich wieder unter die Leute. Erzählen Sie einer Kollegin, dass Sie das nächste Meeting schwänzen werden, weil Sie eine Ausstellung mit Werken Cindy Shermans besuchen wollen. Wenn Sie für moderne Kunst nichts übrig haben, überlegen Sie sich, was Sie stattdessen *wirklich* tun wollen – Hauptsache, es entspricht der Wahrheit. Hauptsache, Sie setzen Ihre Ankündigung um. Ergötzen Sie sich am offenen Mund und dem fassungslosen Blick Ihrer Kollegin. *Lassen* Sie sie staunen. Und spüren Sie dem zarten Machtgefühl in sich nach.

3 Der respektlose Umgang mit der eigenen Lebenszeit

Uhren sind eine großartige Erfindung. Die effizienzbewusste Frau von heute nutzt sowohl ihre Armbanduhr als auch ihr Handy, um sich regelmäßig zu vergewissern, wie spät es schon ist: zu spät! Zu spät, um an sich selbst zu denken. Stellen wir uns eine Frau vor, die seit sechs Uhr morgens auf den Beinen ist. Jetzt ist es 23.58 Uhr und sie sitzt in der Küche. Mit einem *Manhattan?* Nein, mit ihrem Laptop natürlich, sie muss nämlich noch ein paar Mails beantworten und eine Powerpoint-Präsentation erstellen. Hätte sie das nicht ein bisschen früher erledigen können? Seit sie aufgestanden ist, sind fast 17 Stunden vergangen. Was hat sie bloß die ganze Zeit getan? Gearbeitet natürlich. Wobei »arbeiten« nicht nur heißt, dass sie im Büro war. Was sie im Büro leistet, ist nur ein Teil ihres umfangreichen Repertoires, das so komplexe Gebiete wie Pädagogik, Kulinarik, Pädiatrie, Geriatrie, innerfamiliäre Mediation und Haushaltslogistik umfassen kann.

Die Frau, die wir uns vorstellen, ist keineswegs außergewöhnlich – sie ist eine eher typische Vertreterin unseres Geschlechts. Als solche ist sie durchaus selbstreflektiert, bis zu einem gewissen Grade jedenfalls. »Stressmanagement« ist ihr sehr wohl ein Begriff. Sie weiß, wie wichtig Zeiten der Regeneration sind. Die »quality time«, die sie ganz der Familie widmet. Und die Freizeit, die sie ganz ihren Hobbys widmet: duschen, Zähne putzen, Haare waschen. Eigentlich würde sie ja auch gern öfter Yoga machen. Aber sie schafft es einfach nicht – nicht vor dreiundzwanzig Uhr achtundfünfzig, und auch dann kann sie sich nicht einfach in den »schlafenden Diamantsitz« begeben, sie muss sich ja erst noch um ihre Mails kümmern. Und um ihre Präsentation. Die Frau, die wir meinen, besitzt eine hübsche Schachtel, in der sie ihre Schätze aufbewahrt: Briefe, Armbänder, Muscheln, Erinnerungen an ihre Jugend. Vielleicht auch ein paar Gutscheine für kosmetische Behandlungen und Konzertbesuche, die sie von wohlmeinenden Freunden bekommen hat. Gutscheine, die sie nie einlösen wird, weil es dazu immer zu spät sein wird …

Die Ziele, die die effizienzgetriebene Frau von heute verfolgt, sind Ziele des Müssens, die sie auf Biegen und Brechen gegen Ziele des Wollens durchzusetzen sucht. Je mehr sie sich bemüht, das, was sie »muss«, noch rechtzeitig zu »schaffen«, desto später wird es. Desto schwächer wird ihr Wollen. Alle drei Minuten klingelt ihr innerer Wecker. Alle fünf Minuten wird sie vom schlechten Gewissen unterjocht. Ihr Leben ist Arbeit, und ihre Arbeit besteht im Aufschieben des Lebens.[33] Diese Frau ist – mental, emotional – überall. Nur nicht dort, wo ihr Leben tatsächlich stattfindet. Hier. Jetzt. Sie hält sich in einem ewigen Provisorium gefangen, dem ewigen Aufschub dessen, was sie »eigentlich« will. Nichts beschreibt ihre Lage besser als die launigen Worte des Münchner Komikers Karl Valentin: »Mögen hätt' ich schon wollen, aber dürfen hab ich mich nicht getraut!«

Was für den modernen Mann »Zeitmanagement« ist, ist für die moderne Frau »Schuldmanagement«. Um sich möglichst selten schuldig, ohnmächtig zu fühlen, macht sie ihre

Entscheidungen vom Ticken der Uhr abhängig – und wird so erst recht ohnmächtig. Eigentlich möchte sie Herrin über ihr Leben sein. Ein bisschen wenigstens. Tatsächlich ist sie Opfer des Minutenzeigers.

Durch schlechtes Gewissen bedingte Schuldgefühle zählen (neben nagendem Neid) zu den qualvollsten Emotionen überhaupt. Alleinerziehende *working moms,* die sich vierteilen, um Kind und Job gleichermaßen gerecht zu werden, wissen: Es ist nie genug Zeit. Nie genug Zeit, um sich nicht schuldig zu fühlen. Weil man sich nie hinreichend um die Kinder kümmern kann, wenn man arbeitet, weil man seinen Job nie perfekt erledigen kann, wenn man Kinder hat. Weil man nie Nein sagen kann (→ Kap. 6)!

Doch man muss weder alleinerziehend sein noch Kinder haben, um die tiefere Bedeutung von »Zeitdruck« im dritten Jahrtausend nach Christus zu verstehen. Es genügt, eine ambitionierte Arbeitnehmerin im gebärfähigen Alter zu sein. Die weibliche Gebärfähigkeit ist an sich ein Riesenmachtfaktor. Gibt es etwas Großartigeres als die *Potenz,* einen neuen Menschen in sich heranwachsen und aus sich herauskommen zu sehen? Bisher steht es nur in der Macht der Frau, einen Mann zum Vater zu machen und das Überleben seines Geschlechts zu sichern. Leider hat diese Erkenntnis bisher noch nicht dazu geführt, dass uns die Welt auf Händen trägt. In einer Welt, die auf Produktion setzt, nicht auf Pampers, auf Potenziale, nicht auf *Potenz*-iale (→ Kap 2), gibt man uns vielmehr knallhart zu verstehen: Kinderkriegen und Kinderhaben sind eine tolle Sache – bloß wahnsinnig zeitaufwendig. Denn bis das Kind startklar ist, den Mutterbauch zu verlassen, vergehen ganze neun Monate, in denen die Schwangere durch zahlreiche Beschwerden an ihrer Potenzialentfaltung gehindert werden könnte. Bis der Nachwuchs eine ordentliche Immunabwehr entwickelt hat und sich selbst sein Mittagessen wärmen kann, vergehen Jahre, in denen die moderne Frau verhindert sein könnte, ihre Karriere und ihre Rente zu sichern – weshalb das Kind sofort in die Krippe muss![34] Die Folge: Entweder bekommen wir ein Baby und fühlen uns schuldig. Oder wir schieben das Kinderkriegen auf und fühlen uns schuldig. Wir arbeiten wie verrückt, doch die Zeit drängt. Wir überlegen, ob wir unsere Eizellen einfrieren lassen sollen, rennen von Arzt zu Arzt, fühlen uns noch schuldiger und werden doch noch schwanger, gerade noch rechtzeitig. Oder eben nicht – weil uns die Risiken zu hoch scheinen. So oder so, wir fühlen uns schuldig. Ob Mutter oder Nicht-Mutter, der Zeitdruck bleibt. Und mit ihm die Ohnmacht.

»Sei eine Schnecke!«

Unsere Kalender füllen sich mit Terminen, unsere Postfächer füllen sich mit Mails. Während wir Hühnersuppe kochen, klingelt das Telefon, surrt das Handy. Während wir *irgendetwas* tun, tickt stets eine Uhr. Die Armbanduhr, die Eieruhr, die biologische Uhr. Kein Wunder, dass wir zur Kurzatmigkeit neigen.

Die Anpassungsangst (→ Kap. 2) des modernen Menschen kommt selten allein. Nach Meinung des deutschen Soziologen Hartmut Rosa (*1965) geht sie Hand in Hand mit der »Sorge, *nicht mehr mitzukommen*«.[35] Rosa schreibt unserer »gleichermaßen *erlebnisreichen* wie *erfahrungsarmen* Gesellschaft« einen »Beschleunigungszwang« zu, der sich in der »Steigerung der Zahl der Handlungsepisoden pro Zeiteinheit«, im »*Multitasking*«, in einer »progressiven *Fragmentierung* der Handlungsstränge« äußere. Wir tun immer mehr in immer kürzerer Zeit, aber wir tun nichts richtig, meint Rosa. Nichts, was es wert wäre, erinnert zu werden. Die erlebte Beschleunigung hat deutliche Auswirkungen auf unser Selbstverständnis. Das, was man tun sollte oder hätte tun sollen, aber nicht oder noch nicht getan hat, ist schließlich untrennbar mit dem verbunden, was man *ist*. Oder vielmehr: mit dem, was man sein *müsste* oder *hätte* sein *können*. Ob weiblich oder männlich, der Mensch von heute ist ein wandelndes Provisorium, die Verkörperung einer Fülle nicht, noch nicht oder nie ganz realisierter Möglichkeiten. Dieses Jahr sind wir verheiratet und haben einen Job, nächstes Jahr könnten wir verlassen oder entlassen werden (oder beides). Wir wissen nicht, was sein wird. Die moderne Frau weiß nur eins: Die Anzahl ihrer (möglichen) Rollen und (vermeintlichen) Anforderungsprofile ist größer als die der Männer. Der moderne Mann »muss« Arbeitnehmer, Partner und Vater sein. Die moderne Frau »muss« sich, wann immer erforderlich, als Arbeitnehmerin, Partnerin, Mutter, Tochter, Freundin, Köchin, Pflegerin, Seelsorgerin und Großeinkäuferin beweisen. Sie muss mehr »schaffen«, und das in kürzeren Zeiteinheiten. Sie denkt: Je schneller und je besser sie schafft, was sie schaffen muss, desto geringer werden ihre Schuldgefühle. Umso kleiner wird hoffentlich auch ihre Furcht vor dem »Tod als Optionenvernichter« (Rosa).

Die Getriebenheit der Perfektionistin setzt dem Hochgeschwindigkeitsmodus der modernen Frau die Krone auf. Ob man es mit einer bloß gehetzten Frau oder mit einem Zirkuspferd auf Speed zu hat, lässt sich leicht testen. Man muss die betreffende Frau nur liebevoll auffordern: »Mach mal langsamer. Sei eine Schnecke!« Die gestresste Frau lacht theatralisch und verdreht die Augen. Die Frau am Abgrund dagegen reagiert leicht aggressiv – weil sie um ihre vertraute Ohnmachtsposition fürchtet. In ihrem tiefsten Inneren aber versteht sie: Es ist nicht die nächste Deadline, die auf dem Spiel steht. Nicht die Zeit der Uhren, sondern die Zeit ihres Lebens.

Warum Pflanzen nicht schneller wachsen, wenn man an ihnen zieht

Die Frau, die um dreiundzwanzig Uhr achtundfünfzig in der Küche saß und auf die Tastatur ihres Laptops einhackte, ist gegen eins, halb zwei im Bett. Sie liegt noch eine Weile wach und geht ihr Programm für den nächsten Tag durch. Sie denkt daran, was sie verpasst, was sie nicht erledigt hat und was sie unbedingt nachholen muss. Im Prinzip sind es die gleichen Gedanken, die sie gestern, vorige Woche und letztes Jahr auch gedacht hat.

Solange sie in den Kategorien Aufgabe, Pflicht, Müssen denkt, beherrscht sie sich selbst. Georg Wilhelm Friedrich Hegel wäre nicht begeistert. In seiner Parabel über Herrschaft und Knechtschaft (→ Kap. 1) geht es schließlich nicht um Selbst-Beherrschung, sondern um *Selbst-Befreiung*. Es geht darum, die Erfahrung von Ohnmacht, Machtlosigkeit und Anerkennungslosigkeit zum Anlass zu nehmen, frei, vernünftig, mächtig zu werden; aus seiner Arbeit ein »höheres Bewusstsein« zu entwickeln, das einen »über das animalische Leben erhebt«.[36] Ein Selbst-Bewusstsein. Mächtig kann die Frau von heute nur werden, wenn sie aufhört, ihr Leben zu missachten, indem sie ständig auf die Uhr schaut. Wenn sie sieht, dass der Zeitdruck, der sie klein hält, nicht nur aus diversen Systemzwängen resultiert – sondern auch aus ihrem eingefahrenen Denken. Wenn sie es wagt, die Logik des gewohnten Begriffsrahmens ab und an zu verlassen und sich auf ein »*Anderswo* des Denkens«[37] einzulassen.

Für den französischen Philosophen und Sinologen François Jullien (*1951) liefern die Sprache und die Weisheit des alten China einen solchen äußeren Referenzpunkt: »Ich beziehe mich auf China wie auf einen theoretischen Operator (und Entwickler im fotographischen Sinne), der das Denken in Unruhe versetzt; also um wieder neue Möglichkeiten in unserem Geist zu öffnen«, heißt es in Julliens *Vortrag vor Managern über Wirksamkeit und Effizienz in China und im Westen*.[38]

Effizienz ist nicht gleich Effizienz, weil Zeit nicht überall das Gleiche bedeutet. Anders als die westliche Kultur besaß das chinesische Denken keinen vom »Raum« klar abgrenzbaren abstrakten Zeitbegriff. Für die Chinesen der Antike ist »Zeit« nichts, was sich in eine bestimmte Richtung bewegt, nichts, was Anfang und Ende hat, nichts, was man in das Gehäuse einer Uhr pressen kann. Zeit heißt schlicht Lebenszeit – und alles, was damit zusammenhängt: Übergang, Wachsen, Sprießen, Reifen. Das Altchinesische kennt keine Uhrzeit, nur »Dauer« *(jiu)*. Und den »Moment«, dem eine Gelegenheit innewohnt *(shi)*. Nicht in dem Sinn, dass es einen Punkt innerhalb der chronologischen Zeit gibt, an dem man die Gelegenheit »am Schopf packen« muss, damit man nichts verpasst.[39] Es geht hier um die Gelegenheit als Ergebnis eines natürlichen (jahreszeitlichen) Reifungsprozesses »in dem Maße, in dem es diesen letzten Moment gibt, in dem die Frucht reif und bereit zu fallen ist«[40]. Für diesen Augenblick soll man offen und empfangsbereit bleiben. Man kann ihn nicht erzwingen, und das ist auch gar nicht nötig. Wer ernten will, braucht sich nur mit dem natürlichen Rhythmus von Werden und Vergehen mitzubewegen.

Wie eine Anekdote des Konfuzius-Schülers Menzius (Mengzi) (372–289 v. Chr.) zeigt, gibt es große Unterschiede zwischen der verkrampften westlichen Art, die Dinge durch hektischen Aktionismus erzwingen zu wollen, und der sorglosen chinesischen Art des Abwartens und Beobachtens: Ein Bauer erzählt seinen Kindern, wie sehr er sich bei der Arbeit reingehängt hat. Mann, was hat er sich angestrengt, an den Trieben auf seinem Feld zu ziehen und jeden Halm einzeln herauszuzerren! Und was sehen die Kinder? Was sind die »Früchte« dieser Anstrengung? Lauter winzige Pflänzchen, die vertrocknet auf dem Acker liegen …

Die Botschaft ist klar: Man kann Wachstum, Fortschritt, Erfolg, Glück nicht erzwingen. Es gibt nur eine weise Art, mit Pflanzen umzugehen: ihnen zuzuschauen, wie sie wachsen, und den Prozess des Wachsens durch Gießen und Jäten zu unterstützen. Geduldig, behutsam. So kommt der Moment der Ernte ganz spontan, wie von selbst, quasi ganz nach seinem Belieben. *Das* ist Effizienz! Wie mit den Pflanzen, so ist es auch mit unserer Lebenszeit. Alles verändert sich, alles ist im Übergang begriffen. Aus einer kleinen Chance (einem Samenkorn) kann eine große werden (ein Ahornbaum). Es gibt immer etwas, was gerade am Keimen und Wachsen ist – und sich hervorragend entwickelt, wenn wir uns nicht vorschnell einmischen, sondern nur hier und da etwas nachhelfen. Kann sein, dass wir in diesem Leben nicht mehr Mutter werden. Vielleicht werden wir in unserem Job nie glücklich. Es ist auch möglich, dass der Mann unseres Lebens einer anderen in die Arme läuft. Das heißt aber nicht, dass wir irgendetwas verpassen. Während wir uns über die verdorrten Pflänzchen ärgern, die wir in unserer Ungeduld aus der Erde gerissen haben, keimen still und leise andere – die wir nur registrieren, wenn wir aufhören, auf die Uhr zu glotzen.

Wir können die Zeiger der Uhr nicht zurückdrehen, aber wir können die Uhr entfernen. Nicht die an unserem Handgelenk, sondern die aus unserem Kopf. Es ist Zeit, *zeitloser* zu leben. Der Zeitdruck, den wir uns selbst durch Überperfektion (»Ich *muss* es schaffen!«), vorauseilenden Gehorsam (»*Ich* kann das schaffen!«) und Verpassensangst (»Ich werde es *nicht mehr* schaffen!«) in uns erzeugen, macht uns nicht nur machtlos. Er nimmt uns nicht nur die Fähigkeit zur autonomen Entfaltung unseres »Eigenwillens« (Hegel), zur Entwicklung unserer *Potenz*-iale – er lässt uns auch moralisch verrohen. Je sturer die Frau am Abgrund dem Diktat des Terminkalenders folgt, desto mehr verengt sich ihr Blick. Bald wird ihr *alles* – Menschen inklusive – zu einer abzuhakenden Aufgabe. Sie verlernt, andere Leute als Lebewesen wahrzunehmen. Die anderen dienen ihr nur noch als Gradmesser für ihre Perfektionskurve. Das Verantwortungsbewusstsein, das sie so emsig an den Tag zu legen scheint, erweist sich als Lüge.

Wie geht Leben? Wie wird man zur Protagonistin seines Lebens? Wenn wir (auch ethisch) *richtig* leben wollen, müssen wir uns von der Idee befreien, die Erlösung käme, wenn wir unser »Schuldmanagement« abgeschlossen haben. Wann denn? So gegen dreiundzwanzig Uhr achtundfünfzig? Hirnloses Handeln verlängert unsere Knechtschaft, überlegtes Tun beendet sie. Der Weg zur Macht führt über das Tun. Und Tun heißt nicht bloß: sofort die Initiative ergreifen, sondern auch: erst mal sein lassen.

Philosophisches Machtmittel Nr. 3:
Die Kunst der richtigen Entscheidung erlernen

»›Lieber irgendetwas tun als nichts‹ – auch dieser Grundsatz ist eine Schnur, um aller Bildung und allem höheren Geschmack den Garaus zu machen«, mahnte Friedrich Nietzsche. »Und so, wie sichtlich alle Formen an dieser Hast der

Arbeitenden zugrunde gehen, so geht auch das Gefühl für die Form selber, das Ohr und Auge für die Melodie der Bewegungen, zugrunde.«[41]

Sollten Sie länger als zwei Minuten brauchen, um die Bedeutung dieser Zeilen zu erfassen, sind Sie hier genau richtig. Vermutlich hat Ihr rühriges *Multitasking* schon eine gewisse Schrumpfung Ihres Denkvermögens in Gang gesetzt, eine Gewöhnung an das kreisförmige Ineinandergreifen ewig gleicher Berechnungen, Bewertungen und Befürchtungen. Sie können sich weder auf Nietzsche noch auf Menzius konzentrieren, weil Sie stets an das denken, was Sie noch nicht oder nicht mehr geschafft haben. Was Sie da denken, mag geboten und vernünftig erscheinen – von *Ihrem* Standpunkt aus. Aber dieser Standpunkt ist Ihrer Sprache, Ihrem Begriffsschema[42] verhaftet, dessen Allgemeingültigkeit fraglich ist. Das antike chinesische Denken etwa operiert von einer ganz anderen Perspektive aus, einem Ort, wo es keine Uhrzeit gibt – und keine Konjugationen. In einer Sprache, die keine *tempora* kennt, weder Vergangenheit noch Gegenwart noch Zukunft – bloß ein kontinuierliches, prozesshaftes »was kommt« und »was geht«[43] – in einer solchen Sprache kann man kein »Müssen« denken. *Darüber* sollten Sie sich den Kopf zerbrechen … Niemand zwingt Sie, an Ihrem gewohnten Begriffsschema kleben zu bleiben. Sie können das alte Stück für Stück verändern und mit neuen Ideen anreichern (oder seine Existenz ganz infrage stellen).[44] »Zeit« ist wie »Fortschritt« nur ein künstliches Konstrukt, das irgendwann erfunden wurde, um uns in Hektik zu versetzen.

Es gibt im Leben kein richtiges Timing. Wann immer Sie eine Sache schaffen, versäumen Sie eine andere. Sie können nicht alles schaffen, aber Sie können lernen, die *richtigen* Entscheidungen zu treffen, solche, die Ihnen einen respektvollen Umgang mit Ihrer Lebenszeit ermöglichen. Die Kunst der richtigen Entscheidung gehört zu den »Technologien des Selbst«[45], wie es der französische Philosoph Michel Foucault (1926–1984) nannte: Sie hilft Ihnen, den mächtigen Teil in Ihnen zum Vorschein zu bringen.

Schritt 1. Entscheiden Sie sich für die Langsamkeit. Überlegen Sie: Wann war es, als Sie zuletzt *nicht* im Stechschritt durch die Gegend hetzten? Das schnelle, steife Marschieren ist ein häufiges Symptom von Frauen am Abgrund. Es signalisiert nicht Macht, sondern Unfreiheit. Ändern Sie Ihre Gangart. Schreiten Sie. Atmen Sie langsam, lesen Sie langsam, tun Sie überhaupt alles, was Sie tun, sehr langsam. Seien Sie eine Schnecke – trauen Sie sich! Ihre Wahrnehmung Ihrer selbst, anderer Leute und auch der Zeit, in der Sie leben, wird sich verändern, wenn Sie mehr darauf achten, was gerade im Entstehen *ist,* als darauf, was *sein wird* (wenn Sie jetzt nicht sofort loslegen).

Schritt 2. Entscheiden Sie sich für den Verzicht. Bis morgen haben Sie natürlich noch viele wichtige Dinge zu erledigen. Springen Sie nicht gleich auf – siehe Schritt 1! Fragen Sie sich bei jeder wichtigen Angelegenheit: Wenn sie eine Frucht wäre, wär sie schon reif für die Ernte? Nicht jede Entscheidung, die im Raum steht, muss auch getroffen werden – weil nicht jede Handlung, die daraus entstehen könnte, zielführend ist. So manche Aktion können Sie sich sparen, wenn Sie ruhig abwarten, wie sich die Situation entwickelt. Sie müssen nicht gleich mit Ihrem Kind zum Arzt rennen, weil es irgendwie anders denkt und spricht als seine Altersgenossen. Es könnte einfach origineller und intelligenter sein als die anderen. Sie müssen auch nicht jede Woche einen anderen Mann daten, weil sonst die Wahrscheinlichkeit sinkt, dass Sie noch jemanden finden, mit dem Sie eine Familie gründen könnten (→ Kap. 9). Vergessen Sie die Wahrscheinlichkeitsrechnung. Sie hat nichts mit dem Leben zu tun. Das Leben besteht nicht aus Zahlen, ist aber voller Gelegenheiten. Und Gelegenheiten kann man nicht berechnen, man kann sie nur wahrnehmen.

Verzichten Sie darauf, all Ihr Tun nach der kurz- und mittelfristigen Nutzenkalkulation auszurichten. Nicht alles, was etwas zu bringen scheint, bringt tatsächlich etwas. Und: Verzichten Sie darauf, bei allem und jedem die Initiative zu ergreifen. Mächtig werden Sie nicht, wenn Sie die Märtyrerin spielen und sich zu sehr anstrengen – denken Sie an Menzius' Bauern! Verzichten Sie darauf, die Dinge erzwingen zu wollen. Warten Sie ein wenig und lassen Sie auch die anderen ein wenig warten. Hätte der Bauer seine Kinder warten lassen, wären sie in den Genuss einer reichen Ernte gekommen. Gehen Sie effizienter vor als er. Nehmen Sie sich die Zeit, die Sie brauchen, um die Dinge gut zu erledigen. Wenn Sie es nicht tun, tut es keiner. Niemand verlangt von Ihnen, dass Sie spätestens mit 39 zweifache Mutter mit Ehemann, Eigenheim und sicherem Job sind. Niemand, außer der Knecht in Ihnen.

Schritt 3. Entscheiden Sie sich für das, was wirklich zählt. Sobald Sie sich ein wenig ans Abwarten und Beobachten gewöhnt haben, schalten Sie ruhig und besonnen die Störfaktoren aus, die Sie zum Fußabtreter, Packesel oder Zirkuspferd machen und Sie an der Entwicklung Ihrer *Potenz*-iale hindern: zum Beispiel Ihre Schwiegermutter, die dreimal am Tag anruft, um Ihnen ein neues Kuchenrezept durchzugeben. Oder Ihre Kollegen, die alle zehn Minuten vor Ihrem Schreibtisch auftauchen. Entscheiden Sie sich gegen unnötige Unterbrechungen. Sagen Sie klar und freundlich Nein (→ Kap. 6). Widmen Sie Ihre Aufmerksamkeit nur den Leuten, die nicht einfach Ihre Zeit vertrödeln wollen, sondern Ihre Zuwendung oder Ihren Rat wirklich brauchen.

Sollten Sie sich nicht trauen, bedenken Sie: Wenn Sie es nicht tun, behandeln Sie alle Leute nach dem »*first come, first served*«-Prinzip: Sie bearbeiten die Anliegen anderer dann wie andere Aufgaben auch nach der zeitlichen Reihenfolge ihres Eingangs. Wer schneller war, kommt früher dran. Im Zweifel die Schwiegermutter, nicht die beste Freundin. Wenn Ihre beste Freundin eher der zurückhaltende Typ ist, wird ihr Anruf oder ihre Kurznachricht zu spät bei Ihnen eingehen. Sie werden es nicht mehr schaffen, ihr zu antworten. Und was ist die Konsequenz? »Aufgaben, die immer zu kurz kommen«, schreibt der Soziologe Niklas Luhmann, »müssen aber schließlich abgewertet werden und den Rang des weniger Wichtigen erhalten, um Schicksal und Bedeutung in Einklang zu bringen. So kann sich allein aus Zeitproblemen eine Umstrukturierung der Wertordnung ergeben.«[46]

Sie sind dann einfach nicht mehr in der Lage, das, was Ihnen wirklich wichtig ist, wofür Sie »eigentlich« gern leben würden (→ Kap. 2), zu respektieren. Beides zeugt nicht von Macht, sondern von Ohnmacht. Ein respektvoller Umgang mit Ihrer Lebenszeit verlangt Respekt für die eigenen Werte – und die Person, die diese Werte verwirklichen möchte: Sie.

Schritt 4. Entscheiden Sie sich für die Rebellion. Sprengen Sie das Korsett des Stress-Denkens und kommen Sie zu sich. Nehmen Sie sich die Zeit, die Sie (angeblich) nicht haben, und befreien Sie Ihre Gedanken. Staunen Sie über eine Frau, die sich dem Diktat der Uhren verweigerte – und der Gesellschaft, die sie zuließ: Emily Dickinson (1830–1886), eine Amerikanerin aus gutem Hause, Tochter eines angesehenen Rechtsanwalts. Anders als die Frau von heute weiß Emily schon früh, was ihr wirklich wichtig ist: Familie, Natur, Liebe und – ihre eigenen Gedanken. Sie beginnt zu schreiben: »Ich kenne nichts auf der Welt, das eine solche Macht hat wie das Wort.« Während sie brav in die Schule geht, Latein, Botanik, Chemie und Astronomie lernt, entwickelt sich langsam das Pflänzchen ihres *Potenz*-ials: der Keim ihres späteren Weltruhms als Dichterin. Die Frauen von Emilys Stand verbringen ihre Tage am Herd und in der Kirche. Es ist nicht vorgesehen, dass sie sich als Denkerinnen, Anführerinnen, Schöpferinnen betätigen. Emily rebelliert, auf sehr leise und sehr wirkungsvolle Weise. Mit 20 beginnt sie, vorzugsweise Weiß zu tragen und sich von der Welt zu distanzieren. Sie erfindet eine neue Sprache, um das Leben zu deuten. Sie schreibt Gedichte über die Stille, den Himmel, die Natur, die Unsterblichkeit. Nie dagewesene Poesie von großer Tiefe und Schönheit, in denen es keine Uhren gibt – aber umso mehr Gedankenstriche. In Emilys Manuskripten finden sich Gedankenstriche verschiedener Längen, nach oben und unten laufende Gedankenstriche, Gedankenstriche anstelle von Punkten, die Endlosigkeit, Zeitlosigkeit symbolisieren. Emily zieht sich für den Rest des Lebens in ihr Zimmer zurück. Und unternimmt doch weitere Reisen als alle anderen Dichter: in der Unendlichkeit ihrer Fantasie.

> Ein Kelch, ein Blatt, ein Dorn
> An irgendeinem Sommermorgen –
> Ein Schälchen Tau – Bienen, ein oder zwei –
> Ein Windhauch – Rascheln in den Zweigen –
> Und ich bin eine Rose![47]

Was hat Emily Dickinson mit Ihnen zu tun? Nichts. Die Begegnung mit Emilys Leben und Werk ist daher hervorragend geeignet, Sie aus Ihren üblichen Denkschablonen herauszukatapultieren. Der Fall Dickinson beweist: Wenn man die Schar der Ameisen verlässt und seinem eigenen Rhythmus folgt, ist man vielleicht verrückt. Dafür kann man eine Menge bewegen. Die Literaturgeschichte revolutionieren, die Welt verbessern oder einfach nur sein Leben leben. Um das zu tun, müssen Sie nicht einmal das Haus verlassen. Sie können still und leise von zu Hause aus operieren (so eine Art »Homeoffice!«).

Schritt 5. Entscheiden Sie sich für sich selbst. Wählen Sie Ihre eigenen Gedanken und Fantasien und nicht die der anderen. Warten Sie wie Emily Dickinson oder die alten Chinesen auf das, »was kommt«. Es wird eine ganze Menge sein. Jede neue Idee, die Sie in Ihrem Kopf erschaffen, ist ein Zeichen Ihrer Macht. Wie schon Michel Foucault erkannte: »In Wirklichkeit ist Macht produktiv; und sie produziert Wirkliches.«[48]

4 Die Überzeugung, man dürfe niemals scheitern

In San Mateo, nahe der Facebook-Zentrale im Herzen des Silicon Valley, gibt es eine Schule für Helden. Die »Draper University of Heroes« verspricht, ihre Studenten in nur acht Wochen mit allem Nötigen auszustatten, um in der Technologiebranche Karriere zu machen: Dazu gehören nicht nur Kenntnisse im Programmieren und diverse Soft Skills, sondern auch Wildnistrainings und Karaoke. Am Ende erhalten die frischgebackenen Absolventen statt eines Diploms »Superhero«-Masken und -Capes. Sie werden angewiesen, Trampolinsprünge zu absolvieren und zu rufen: »Hoch, hoch hinaus!«[49]

Die moderne Frau ist anders als der moderne Draper-Student. Sie würde lieber leise einen Striptease hinlegen, als laut den »Superhelden-Eid« zu schwören, der Sätze wie »Meine Marke, mein Netzwerk und mein Ansehen sind von höchster Bedeutung!« oder »Ich werde scheitern und wieder scheitern, bis dass ich Erfolg habe!« beinhaltet.[50] Sie geht auf Nummer sicher. Sie bemüht sich um gute Noten, damit sie später im Job zügig vorankommt. Auf keinen Fall möchte sie auffallen und erst recht nicht kritisiert werden, schon gar nicht von ihresgleichen. Sie hat Angst, ihre Prüfungen nicht oder nur schlecht zu bestehen. Kaum hat sie eine

Prüfung gut bestanden, fürchtet sie sich vor der nächsten. Sie verlässt die Universität, doch die Prüfungen hören nicht auf. Nur heißen sie jetzt nicht mehr »Neurologie und Neurochirurgie 2« oder »Technik des betrieblichen Rechnungswesens«, sondern »Perfekt über Nacht 3« oder »Ohne Schlaf durch den Tag«. Deutschland ist ein reiches Land. Die moderne Frau weiß, dass sie hier viel, nein, alles erreichen kann und deshalb alles erreichen muss. Und dass es deshalb gilt, frühzeitig die Weichen zu stellen. Mit 25, 30 Jahren ist sie klug genug, ihr Wirken nicht »als Erfüllung einer Notwendigkeit, sondern als Verwirklichung einer Berufung«[51] zu definieren, die ihr alles mögliche Glück verspricht – solange sie die wichtigste Prüfung von allen besteht: die kompromisslose Vereinbarkeit von sinnigem Beruf und heiler Familie. Doch was, wenn dies nicht gelingt? Wenn die Transformation vom Guten hin zum immer Besseren ausbleibt? Ist das Leben dann verfehlt? Die Jahre vergehen. Die moderne Frau wird 35, dann 40. Immer noch versucht sie, nur Einser zu erzielen und dafür möglichst viele *Likes* einzuheimsen. Doch die Aufbruchsstimmung ist dahin. »Offenbar kann die Angst, etwas nicht hinzubekommen, sich ab einem bestimmten Punkt in die Angst verwandeln, alles falsch gemacht zu haben«, so der Soziologe Heinz Bude.[52] Umso mehr braucht die Frau von heute die Bestätigung der anderen – nur bloß nicht *zu viel* davon. Sie möchte für ihre Leistungen zwar anerkannt, aber nicht zu sehr gelobt werden. Erst recht nicht vor dem gesamten Team. Sie will ja nicht auffallen. Sie ist ziemlich ehrgeizig und hält sich doch für unfähig. Sie sorgt sich bis ein Uhr morgens, ob sie nicht viel zu inkompetent ist (→ Kap. 5 und 8). Hat sie die Kinder hinreichend gut versorgt? War der Chef zufrieden mit ihr? Zwischen der Macht und dem Schlafmangel wählt sie den Schlafmangel. Mit der Müdigkeit zu kämpfen ist zwar anstrengend, aber auch bequem – Müdigkeit packt einen in Watte und suggeriert, dass »niemand und nichts ›herrscht‹ oder auch nur ›vorherrschend‹ ist«, wie Peter Handke treffend bemerkt.[53] Erst recht nicht das eigene Wollen.

Wie praktisch: Aus der Müdigkeit lässt sich die ultimative Gewissheit schöpfen, dass man weitermachen muss wie bisher. Weil man sowieso nicht die Kraft hat, sich aus seiner Situation zu befreien. Weil Macht kein Thema ist. Und weil man nur so sicher sein kann, niemals zu scheitern. Wer nichts riskiert, kann auch nicht scheitern. Ist es nicht so?

Das Zittern der Hochstaplerin vor der Casting-Jury

Die moderne Frau ist ein merkwürdiges Wesen. Einerseits traut sie sich einiges zu (die 100 Prozent!), andererseits neigt sie zur systematischen Selbstunterschätzung. Oder, noch schlimmer, zum sogenannten Hochstapler-Syndrom: dem unguten Gefühl, es sei nur eine Frage der Zeit, bis ihre gesammelten Unfähigkeiten enttarnt würden.[54] Man weist sie auf ihre Verdienste im Job hin, und sie sagt: »Glück gehabt!« Ihr Chef kürt sie zur Mitarbeiterin des Jahres, und sie sagt: »Ohne die Hilfe von Jörg und Hanspeter hätte ich es nie geschafft.« Man erhöht ihr Gehalt, und sie rechtfertigt sich: »Ich habe auch echt hart gearbeitet.« Am liebsten würde sie im Boden versinken. Sie denkt: »Ein einziger Fehler, und ich bin geliefert!« Aus der falschen Einschätzung, dass sie jederzeit scheitern *könnte,* zieht sie den noch falscheren Schluss, dass sie niemals scheitern *dürfte.* Was würde man dann von ihr halten?

Die Frau am Abgrund verhält sich zum Leben wie der Kandidat zur Castingshow. Beide sind in hohem Maße außengelenkt (→ Kap. 2) – und hochambitioniert: *Sie* möchte alles richtig machen und dabei bloß nicht auffallen, *er* will als Sänger groß rauskommen. Wie er möchte sie von allen geliebt werden und wie er zittert sie davor, statt geliebt gedemütigt zu werden. Wenn diese Frau unter den Blicken der Juroren (der anderen Leute) ihre Show beginnt, hat sie nicht nur vorweggenommene Schuldgefühle, hinter den Erwartungen zurückzubleiben. Sie leidet wie der Kandidat auch massiv unter *Schamangst*.

Was, wenn sie versagt? Wenn sich herausstellt, dass sie nicht nur eine faule Mitarbeiterin ist, sondern auch eine schlechte Mutter, eine miserable Ehefrau? Schuld und Scham sind unterschiedliche moralische Gefühle, die doch eng zusammenhängen. Schuldig fühlen wir uns, wenn sich unser schlechtes Gewissen bemerkbar macht, das auf verinnerlichten normativen Idealen fußt (→ Kap. 9); Scham empfinden wir, wenn andere Leute zugegen sind. Wenn man uns bei irgendeiner »schändlichen« Handlung beobachtet – vom Ausschimpfen eines fremden Kindes bis hin zum unkontrollierten Heulkrampf. Im ersten Fall haben wir es mit einer Art inneren Sanktion zu tun, im zweiten mit einer externen Sanktion.[55] Doch ganz so sauber lässt sich das eine vom anderen nicht trennen. Wie der deutsche Philosoph und Anthropologe Max Scheler (1874–1928) erklärt, ist Scham immer auch ein »sich schämen vor sich selbst«.[56] Wenn wir meinen, uns Herrn Holz[57] gegenüber inkorrekt verhalten zu haben, können uns sowohl Schuld- als auch Schamgefühle plagen: weil wir einer anderen Person möglicherweise geschadet haben; weil wir etwas getan haben, das wir eigentlich nicht tun wollten. Für die deutsche Philosophin Maria-Sibylla Lotter (*1961) sind Schamgefühle wesentlich »egozentrisch«: »Was Scham auslöst, ist nicht die Verletzung der anderen, sondern eigenes Sein oder Tun, das man nicht leugnen, mit dem man sich aber auch nicht identifizieren kann«, schreibt sie in ihrem Buch *Scham, Schuld, Verantwortung*.[58]

Die Schamangst der modernen Frau gleicht der Angst des Castingshow-Kandidaten vor der Demütigung. Beide versuchen die stets drohende Niederlage zu vermeiden, den Entzug der (scheinbaren) Anerkennung der Jury bzw. der anderen Leute. Beide fürchten um die Minderung ihres ewig schwankenden Selbstwerts. Sie zittern davor, ihre Selbstachtung opfern zu müssen. Den mühsam aufgebauten Status der nahezu »Perfekten« bzw. des aufstrebenden »Stars«. Wer den Chef nicht zufriedenstellt/sich illoyal gegenüber den Mitkandidaten gibt/sein Kind nicht sachkundig bei den Hausaufgaben unterstützt/die Töne nicht trifft/kein ordentliches *Pot-au-feu* hinkriegt/das falsche Styling wählt, fliegt raus! Was, wenn sich das kleine Alltagsscheitern zu einem großen Katastrophenscheitern auswächst? Da man für die Folgen nicht erbrachter Leistungen und unzureichend entfalteter Potenziale heute nicht mehr das Schicksal oder die Strafe Gottes verantwortlich machen darf, muss man die Schuld letztlich sich selbst in die Schuhe schieben. Je mehr Zeit vergeht, je mehr der Jugendbonus schwindet, desto kritischer wird es. Desto mehr spitzt sich der Lebenslauf zum *Entweder-oder* zu. Entweder Gelingen oder Scheitern. Entweder Euphorie oder Depression. Oder nicht?

»Depression«, so der französische Soziologe Alain Ehrenberg (*1950) in seinem Werk *Das erschöpfte Selbst*, »ist die Melancholie in einer Gesellschaft, in der alle gleich und frei sind [...], die unvermeidliche Kehrseite der Souveränität des Menschen, nicht dessen, der falsch handelt, sondern dessen, der gar nicht handeln kann.«[59] Mehr als eine Krankheit ist die Depression Symbol für die totale Beschämung, die totale Blamage für uns, die wir auf 100 Prozent gesetzt haben und »es« dann doch nicht »geschafft« haben. Jahrelang haben wir uns bemüht, jede Prüfung bestanden, uns von *Recall* zu *Re-Recall* geschleppt, und plötzlich passiert es doch. Das ganz große Scheitern. Unser Hochstaplertum fliegt auf, und wir sind schuld! Wir werden entlassen. Unsere Ehe geht in die Brüche. Oder: *Wir* gehen in die Brüche – wir brechen einfach zusammen, seelisch, geistig, körperlich.[60] Unsere Machtlosigkeit, die wir mit dem bewährten Methodenmix aus Perfektionismus und Effizienz so gut kaschiert hatten, ist plötzlich für alle sichtbar: als totale »Offenlegung eines *Nichtkönnens,* einer *Unfähigkeit,* sich zu verteidigen« (Lotter).

Die Katastrophe ist eingetreten. Wir sind gescheitert – und können uns erst einmal zurücklehnen. Ein Anwalt, Arzt oder Psychologe übernimmt das Ruder, während wir uns hochoffiziell als Opfer fühlen dürfen (→ Kap. 1): Opfer des Neoliberalismus, der unsolidarisch-narzisstisch strukturierten Männerwelt und unserer eigenen, zur Selbstausbeutung tendierenden depressiven Veranlagung. Wie praktisch! Jetzt brauchen wir uns nicht mehr zu schämen, denn es zeigt sich: Wir konnten nichts dafür. Unsere Schuld verwandelt sich in Unschuld. Wir *mussten* früher oder später auf die Nase fallen. Wir haben es verdient, von aller Verantwortung entbunden, für untadelig erklärt zu werden und endlich, endlich zur Ruhe zu kommen. Aber was, wenn wir ausgeruht haben? Wir könnten weiter die Opfernummer schieben und trotzdem in den *Recall* kommen. Ist nicht auch Leiden eine Leistung, für die uns Anerkennung, Wertschätzung, vielleicht sogar Liebe gebührt? Vielleicht lehrt uns das Leiden an der Niederlage sogar Selbstliebe, so nach dem Motto Slavoi Žižeks: »Liebe dein Symptom wie dich selbst!«?[61]

Schöner scheitern: Sisypha, Doña Quijote, Odyssa

In der griechischen Mythologie, in der Epik und in Ritterromanen ist die Niederlage im *Cinemascope*-Format Männersache – was uns anspornen sollte, sie auch zu unserer Sache zu machen. Sehen wir uns hier drei lehrreiche Fälle ganz großen Scheiterns an, die sich lange vor der Erfindung der Castingshow zutrugen.

FALL SISYPHOS, Korinth und Hades, ca. 14. Jahrhundert v. Chr.[62] – S., König von Korinth, gilt unter seinen Zeitgenossen als größter lebender Unhold. Er betätigt sich als Verführer, Vergewaltiger, Verräter, Räuber und Mörder, fördert in Korinth allerdings auch den Handel und die Seefahrt. Insgesamt neigt er zu einer enormen Überheblichkeit *(hybris)*, die ihn zweimal dazu verleitet, seine Endlichkeit zu ignorieren: Erst fesselt er den Todesgott Hades und nimmt ihn in seinem Haus gefangen; später bringt er Hades um dessen Grabspenden und büxt aus der Unterwelt aus. Zur Strafe befehlen ihm die Richter der Toten, einen riesigen Stein den Hang eines Hügels hinaufzuwälzen und ihn, oben angelangt, auf der anderen Seite herunterrollen zu lassen. Fast hat S. den Gipfel erreicht, da rollt der Stein von allein ins Tal zurück – Mission missglückt! S., schweißgebadet und staubbedeckt, bleibt nichts übrig, als von vorne anzufangen. Wieder rollt der Stein von selbst herunter, wieder muss er neu beginnen, und so fort *ad infinitum*.

S. scheitert an seiner Inkompetenz: Erst ist er unfähig, maßvoll und anständig zu leben, dann ist er außerstande, den Kampf mit dem Felsbrocken zu gewinnen. Seine Unfähigkeit im Umgang mit dem Stein ist quasi nur die Fortsetzung seiner moralischen Unfähigkeit.

FALL DON QUIJOTE, Mancha, Spanien, 1605.[63] – D.Q., eigentlich Alonso Quijano, ein Landjunker, hat ein glühendes

Faible für Ritterromane. Er verbeißt sich so tief in die Lektüre, dass er den Verstand verliert, Wahrheit und Dichtung nicht mehr unterscheiden kann. Mit einer rostigen Rüstung, einem Visier aus Pappmaschee, einem müden Gaul und einem kleinen, runden Bauern namens Sancho Panza (S.P.) zieht er los, um die Tradition des fahrenden Ritterstandes neu aufleben zu lassen. Bei ihrem ersten gemeinsamen Ausflug begegnen ihnen circa dreißig Windmühlen – in D.Q.s Augen: zu Windmühlen verzauberte Riesen. Hocherfreut und entgegen S.P.s Bemühungen, seinem Herrn die »Riesen« auszureden, nimmt D.Q. den Kampf gegen die »feigen niederträchtigen Geschöpfe« auf, zückt seinen Speer und reitet gegen die erste Mühle an. Mit dem Ergebnis, dass er samt Pferd von ihren Flügeln mitgerissen wird und schwer verletzt auf der Erde landet. D.Q. ist alles andere als resigniert. Trotz S.P.s Belehrungen über die wahre Natur der Dinge und trotz permanenter Niederlagen kämpft D.Q. weiter: gegen verzauberte Schafsherden, Gasthöfe, Weinschläuche und vieles mehr – bis er schließlich vom Dorfpfarrer und einem Barbier in einen Käfig gesperrt und nach Hause gekarrt wird.

D.Q. scheitert an der unüberbrückbaren Kluft zwischen korrupter Realität und reinem Ideal: Die wirkliche Wirklichkeit ist nicht »gut«. Sie reduziert jeden Versuch, aus ritterlichen Idealen eine bessere Welt zu schaffen, auf eine Illusion.

FALL ODYSSEUS, Troja, irgendwo und Ithaka, 12. Jahrhundert v. Chr.[64] – Nach seiner erfolgreichen Beteiligung am Sieg über Troja möchte O., König von Ithaka, schleunigst heim. Die Rückreise zu Schiff erweist sich jedoch langwieriger als geplant: Sie dauert zehn Jahre. Immer wieder trifft O. auf fremde, gefährliche Situationen, in denen er sich neu orientieren muss, auf Seeungeheuer, Sirenen, Monster und Nymphen. Einerseits hat O. schreckliche Sehnsucht nach seiner Frau Penelope. Andererseits will er aber auch möglichst viel erleben und erkunden. O., der Vielgewandte *(polytropos),* ist nicht nur unglaublich intelligent, clever, listig, sondern auch klug, besonnen, verantwortungsbewusst. Trotz seiner ausgezeichneten Anlagen gelingt es ihm nicht, seine leichtsinnigen Gefährten vor dem Tod zu bewahren – als er schließlich am Strand von Ithaka landet, ist er der einzige Überlebende. Zu Hause angekommen, tun sich seine Frau und sein Sohn zunächst schwer, ihn wiederzuerkennen. Ihn als König von Ithaka *anzuerkennen.*

O. scheitert, weil er den Verlust nicht verhindern kann. Er verliert seine Kameraden, die Verbindung zu Penelope und eine Menge Zeit. Anders als in den Fällen S. und D. Q. sind O.s Niederlagen aber notwendige Etappen auf dem Weg nach vorn – oder vielmehr: zurück.

In allen drei Fällen spielt die *Wiederholung* eine entscheidende Rolle. Immer wieder misslingt es S., den Stein auf den Gipfel zu hieven, immer wieder muss D. Q. in der Konfrontation mit vermeintlich gigantischen Gegnern baden gehen, wieder und wieder verliert O. weitere Teile seiner Mannschaft. Aber es ist nie die Wiederkehr desselben.[65] Jedes Ereignis gleicht sich, doch nichts geschieht auf identische Weise – nicht einmal S.' Stein rollt jedes Mal auf dieselbe Art ins Tal. Jede Wiederholung birgt also eine Chance in sich. Jedes Mal hat der Held die *Möglichkeit,* den Kreislauf des Scheiterns zu unterbrechen – seiner Ohnmacht ein Ende zu setzen. Warum lässt S. den Stein nicht einfach liegen? Warum sucht sich D. Q. nicht ein paar besiegbare Gegner? Warum drängt O. seine Untergebenen nicht zu mehr Eigenverantwortung?

S., D. Q. und O., das könnten auch wir sein: Sisypha, Doña Quichote und Odyssa. Statt uns wieder und wieder mit der

Rolle des Fußabtreters, Packesels und Zirkuspferds zu identifizieren, könnten wir Geschichte schreiben. Wir *könnten*
uns aus unseren Wiederholungszwängen befreien und mit
Ortega y Gasset bekräftigen: »*Das Abenteuer ist gestat-
tet.*«[66] Wir könnten es *freiwillig* riskieren, so richtig auf die
Schnauze zu fallen. Und damit wäre unsere Existenz ganz
und gar nicht verfehlt. Verfehlt wäre sie erst, wenn wir es
uns in der komfortablen Opferrolle bequem machten. Wenn
unser ganzer Aktionismus auf Passivität beruhte: »Ich kann
nichts, weiß nichts, darf nichts!« Die Position des Opfers ist
alles andere als unschuldig. Laut Friedrich Nietzsche lebt sie
von der »List der Ohnmacht«, vom »Prunk der entsagen-
den stillen abwartenden Tugend, gleich als ob die Schwäche
des Schwachen selbst […] eine freiwillige Leistung, etwas
Gewolltes, Gewähltes, eine That, ein Verdienst sei.«[67]

Philosophisches Machtmittel Nr. 4:
Sich auf hohe See begeben

Der Wille zum Scheitern sollte nicht nur eine Angelegenheit
von literarischen und amerikanischen »Superhelden« sein,
sondern jetzt auch Ihre werden. Scheitern tut weh, lohnt
aber. Wenn es Ihnen so richtig schlecht geht und Sie vor
Scham und Schuld schon fast im Boden versunken sind, ist
Ihre Stunde gekommen. Dann endlich verstehen Sie, was
Nietzsche meinte, als er schrieb: »Die Lust an der Macht
erklärt sich aus der hundertfältig erfahrenen Unlust der Abhängigkeit, der Ohnmacht. Ist diese Erfahrung nicht da, so
fehlt auch die Lust.«[68] Ein- zweimal böse auf die Nase gefallen, haben Sie plötzlich die Kraft, ganz nüchtern die Wiederholungen zu analysieren, die Ihnen zu schaffen machen:
Ist es das ewige Gedankenkreisen, das ewige In-Vorleis-

tung-Gehen, sind es die ewigen Gewissensbisse? Tätigkeiten, die Sie bis zum Exzess verfolgen, unter Vernachlässigung Ihrer Gesundheit und dessen, was wirklich zählt? Dann zählen Sie zur *Sisypha*-Kategorie. Sind es die vielen Windmühlen – wiederkehrende Probleme, die Sie trotz des unerschütterlichen Glaubens an eine Welt, in der Sie für Ihre Leistungen von allen gemocht werden, einfach nicht kleinkriegen? Die Sie wieder und wieder in die Arme Ihres Coachs treiben? Dann sind Sie mehr eine *Doña Quichote*. Oder gelingt es Ihnen nie, Ihrer Verantwortung für Ihre Teammitglieder, Ihre Familie gerecht zu werden, weil Sie vor immer neuen Aufgaben stehen, die Sie Ihrer Meinung nach schlecht delegieren können? Dann könnten Sie als *Odyssa*-Typ durchgehen.

Egal, welche Art von Wiederholung sich in Ihrem Leben durchgesetzt hat, begnügen Sie sich nicht mit den kleinen Niederlagen. Riskieren Sie das ganz große Scheitern. Schürzen Sie Ihren Trenchcoat und begeben Sie sich auf hohe See.

Schritt 1. Streichen Sie den Gedanken »Das kann ich nicht« aus Ihrem Kopf. Natürlich gibt es ein paar Dinge, die Sie nicht beherrschen, die theoretische Astrophysik zum Beispiel oder das schwindelfreie Balancieren zwischen zwei Wolkenkratzern, aber den Rest können Sie lernen. Was Sie vor allem brauchen, um in einer Welt gemeiner Hindernisse mächtig zu werden, ist Intelligenz. Nicht Weisheit, sondern *Klugheit*. Wie man sehr schön am Fall O. sehen kann, äußert sich diese eben nicht in einer buchhalterischen Planungs- und Berechnungskompetenz, sondern in der Fähigkeit, *was, wie, mit wem, wann* und *wo* gerade zu tun ist, eben zu tun. So beschreibt Aristoteles (384–322 v. Chr.) den klugen Charakter *(phronimos)*, wie wir ihn aus Geschichte und Geschichten kennen: Klug ist, wer Mittel und Zweck maßvoll aufeinander bezieht – idealistisch *und* opportunistisch, reflektiert *und* pragmatisch, theoretisch versiert *und* praktisch handelt.[69]

Bringen Sie die in Ihnen verborgene Klugheit zum Vorschein. Stürzen Sie sich ins Abenteuer! Wenn man Ihnen heute etwa einen interessanten Job anbietet, der Ihre bisherigen Fähigkeiten übersteigt, greifen Sie sofort zu. Nehmen Sie die Entwicklung selbst in die Hand. Die wirklich großen Gelegenheiten, die Ihnen im Laufe Ihres Lebens begegnen, passen selten perfekt in Ihr Anforderungsprofil – *machen* Sie sie passend. Sagen Sie diesen Job zu. Ob Sie daran wachsen oder auf ganzer Linie scheitern, Sie können nur gewinnen. Denn mit jeder neuen Erfahrung werden Sie ein bisschen klüger.

MERKE: Wer nicht riskiert zu scheitern, scheitert erst recht.

Schritt 2. Sind Sie dann bereit fürs Abenteuer, lassen Sie sich von den lächerlichen Kommentaren anderer Leute bloß nicht einschüchtern. »Wie willst du das schaffen?« oder »Was sagt denn X dazu?« sind rhetorische Fragen, die vorgebracht werden, um Sie zu verwirren und auf Linie zu bringen. Lassen Sie solche Äußerungen wie eine kühle Brise an sich vorbeiziehen. Denn: Es geht im Leben weder ums »Schaffen« noch um unqualifizierte Meinungen Dritter – sondern um Macht. Die Macht, eigene Ziele zu formulieren; so leben zu können, dass nicht (nur) andere glücklich sind, sondern auch Sie selbst. Bedenken Sie: Sobald Sie sich freiwillig auf hohe See begeben, liefern Sie den Beweis, dass Sie sich von der Selbstausbeuterin zur *Macherin* gewandelt haben. Sie sind (wie O. nach seiner Rückkehr) nicht wiederzuerkennen. Und damit *machen* Sie den anderen natürlich Angst. Großartig! Denn hinter dieser Angst steckt Bewunderung – und echte Anerkennung als »Voraussetzung für die

Fähigkeit, autonom eigene Lebensziele zu verwirklichen«[70]. Plötzlich sieht man Sie als die, die Sie sind: eine Frau, die man respektiert, weil sie sich gemäß ihrer Werte und Wünsche weiterentwickeln will.

Schritt 3. Wenden Sie sich nun einer Frau zu, deren Wille zum Scheitern ihr die Bezeichnung »Hyäne im Petticoat« einbrachte: Mary Wollstonecraft (1759–1797), Tochter eines kinderreichen Londoner Seidenwebers und Alkoholikers. Mary genießt keine gute Schulbildung – als Angehörige des weiblichen Geschlechts hat sie weder ein Recht darauf noch auf Eigentum (sie *ist* vielmehr das Eigentum ihres Vaters). Mary will »es« nicht »schaffen«: Sozialer Aufstieg, Heirat, Status und Reichtum sind ihr egal. Sie setzt lieber auf Bücher, »self-education« und volles Risiko. Sie scheitert mit einer eigenen Privatschule für Mädchen, reüssiert dafür aber als Netzwerkerin. Sie lässt ihre Kontakte zu einflussreichen männlichen Intellektuellen spielen, reist nach Paris, um von dort über die Französische Revolution zu berichten, und veröffentlicht ein Buch nach dem anderen. In ihrem weltberühmten Hauptwerk *Zur Verteidigung der Frauenrechte* greift sie nicht nur Rousseaus Frauenbild (→ Kap. 1) an, sondern auch die Frauen aus dem Mittelstand: »Sie haben auf ihre natürlichen Rechte, die ihnen die Bestätigung ihres Verstandes verschafft haben könnte, verzichtet, und sich dafür entschieden, lieber kurzlebige Königinnen (der Schönheit) zu sein, als sich um die schlichten Freuden zu bemühen, die aus der Gleichheit entstehen.«[71] Mary belässt es jedoch nicht beim Theoretisieren, sondern erprobt sich als Abenteurerin. Sie lässt sich von einem Amerikaner schwängern, wird verlassen – und reist mit dem unehelichen Kind nach Skandinavien, um ein weiteres Buch zu verfassen. Immer wieder scheitert sie daran, eine stabile Beziehung zu einem Mann aufzubauen, nicht zuletzt wegen ihres hochemotionalen Wesens. Zweimal versucht sie, sich umzubringen. Dann findet sie doch noch ihren Traummann, den britischen Philosophen und Anarchisten William Godwin. Sie heiraten und leben glücklich in zwei verschiedenen Häusern, um sich nicht auf die Nerven zu gehen – bis ihre gemeinsame Tochter Mary Shelley zur Welt kommt (die spätere Autorin von *Frankenstein*). Mary Wollstonecraft stirbt bei der Geburt.

Statt 100 Prozent zu schaffen, hat die Philosophin 1000 Prozent gelebt. Ein paar der vielen »Lebensexperimente«, für die Virginia Woolf sie so lobte, könnten Sie doch eigentlich auch mal wagen. Was meinen Sie? Wie wäre es mit ein wenig filmreifer Aufregung? Schreiben Sie sich warm. Zücken Sie Ihren Griffel und notieren Sie zehn der für Sie verlockendsten Bauchlandungen.

Schritt 4. Bevor Sie Ihr Reisegepäck für Ihren Ausflug auf hoher See zusammenstellen – Mut, Klugheit, Lust an der Macht und ein paar nahrhafte Käsecracker –, analysieren Sie noch mal ganz kühl, wo eigentlich das Problem liegt. Es ist ja nicht nur die Scham, die Sie vom Experimentieren abhält, sondern auch die spezielle historische Situation, in der Sie sich befinden. Sie leben in außergewöhnlich behaglichen Verhältnissen. Sie haben keinen Krieg erlebt und waren nie so arm, dass Ihnen ein Dach über dem Kopf fehlte. Anders als Ihre Großeltern oder Urgroßeltern wissen Sie nicht, was Entbehrung ist. Das Worst-Case-Szenario liegt nicht hinter Ihnen – es könnte aber vor Ihnen liegen. Arbeitslosigkeit, Atomexplosion, Terroranschläge, Klimakatastrophe, Wladimir Putin. All das und viel mehr wabert als unheimliche und gar nicht so unwirkliche Gefahrenwolke über Ihren Plänen. Machen Sie sich klar: Es ist nicht die Ausnahme, sondern die Regel menschlicher Existenz, mit Katastrophen fertigwerden zu müssen. Packen Sie Ihre exzessive Vorsicht und Ihr unmäßiges Sicherheitsdenken in den Schrank. Machen Sie sich locker. Je wilder und gefährlicher Sie leben, desto klüger können Sie durchs Leben navigieren. Egal, was war. Egal, was sein wird.

Schritt 5. Sie sind dabei, Teil I dieses Buches zu verlassen. Treten Sie also vom Abgrund zurück. Nehmen Sie das Steuer in die Hand und beweisen Sie sich und anderen, dass Sie den Mut haben zum Mächtigsein.

Teil II

**Von knarzenden Gehirnen
und Denk-Baustellen:
FRAUEN MIT MAULKORB**

> *»Ein Mann kann der öffentlichen Meinung Trotz bieten,*
> *eine Frau muss sich ihr unterwerfen.«*
>
> GERMAINE DE STAEL

5 Das chronische Grübeln

Drehen wir die Zeit ein paar Jahre zurück: Wir sind wieder sechs Jahre alt, sausen mit hellrosa Kleidchen durch die Gegend und schwärmen für Pferde (ein paar von uns vielleicht auch für Kräne). Unser natürlicher Geisteszustand ist die helle Begeisterung. Wir denken uns jeden Tag etwas Neues aus, können uns über die Erwachsenen kaputtlachen und wissen stets, worauf wir Lust haben. Unser Selbstbewusstsein ist groß, mitunter grenzt es sogar an Größenwahn. Was nicht weiter verwunderlich ist, wir sind ja keine Babys mehr, sondern gehen seit Kurzem zur Schule. Von vielen Dingen haben wir eine klare Vorstellung. Zum Beispiel von Gott. Wir wissen, dass er eine Glatze hat und wunderschöne blaue Augen und dass seine Lieblingsfarbe Lila ist, weshalb wir ihn auch so gern malen. Bis uns ein Erziehungsberechtigter beim Malen über die Schulter blickt und behauptet, dass man Gott gar nicht darstellen könne – weil sein Aussehen komplett unbekannt sei. Wir malen ein Pferd mit fünf Beinen. Wieder werden wir zurechtgewiesen. Nach und nach lernen wir, was Realität ist: eine große Box mit Gesetzen, Regeln, Vorschriften, Konventionen. Wir lernen, so zu denken, dass unser Denken in diese Box passt, weil alles, was ein anderes Format hat, mit schlechten Noten sanktioniert wird. Unsere Selbstsicherheit schwindet dahin.

Jedes Kind, so der deutsche Philosoph und Soziologe Heinrich Popitz (1925–2002) in seinem Werk *Phänomene der Macht,* »lernt zu begreifen, dass seine Handlungen gute und böse Folgen haben können und dass andere diese Folgen herbeiführen können (die Herren über Angst und Hoffnung), es fesselt sich an die Zuwendung und an die Anerkennung Erwachsener, es richtet sich ein in einer vom anderen hergestellten Welt«[72].

Die moderne Frau trägt keine hellrosa Kleidchen, sondern hellgraue Kostüme. Die Schwärmerei für Feen (oder Kräne) ist ihr restlos vergangen. Dass sie von Lachkrämpfen geschüttelt wird, geschieht eher selten. Häufiger stellt sie ein mildes und dabei hochprofessionelles Lächeln zur Schau, um von dem lauten Knarzen abzulenken, das von ihrem Gehirn herrührt – von der kompletten Überdrehung ihrer grauen Zellen. Mentale Übersteuerung ist das Kerngeschäft der modernen Frau. Sie denkt, was das Zeug hält. Ihr Kopf ist prall gefüllt mit Großbuchstaben und Kleinbuchstaben, Wörtern, Sätzen – und ganz vielen Halbsätzen. Ein Teil ihrer Gedanken ist durchaus alltagstauglich, jener, aus dem konkrete Handlungen entstehen. Hier geht es um den weit größeren Teil, jenen, der ums Berechnen, Bewerten und Befürchten zentriert ist (→ Kap. 2). Darunter fällt auch die Kategorie ergebnisloser Grübeleien, die man (nach einem Werk Michel Foucaults) »Überwachen und Strafen«[73] nennen könnte: weil hier ein grausamer Mechanismus am Werk ist, der jede neue Idee im Keim erstickt – weil dieser Mechanismus jedes Wort, jeden Satz, bevor er über die weiblichen Lippen geht, aufs Schärfste zensiert. Wie ist das zu verstehen?

Klappen wir für einen Moment die Schädeldecke der mental überdrehten Frau auf und betrachten eine typische Grübelsequenz: »… *er kümmert sich nicht um mich, ich bin ihm egal, er liebt mich nicht mehr, nicht so wie am Anfang,*

wie er mich angeschaut hat, ich hätte netter sein sollen, (das Backpulver!, die Kinder bringen mich um), ich hätte abnehmen sollen, ob er mich mit Pia betrügt, warum wird Pia befördert und ich nicht, ich hab mich so reingehängt, ich hätte das Projekt nicht versemmeln dürfen, mir geht's schlecht, ich fühl mich allein, (warum bin ich so negativ?), sie feuern mich, ich hab kein Glück, das Meeting, die Hausaufgabenbetreuung, der Chef, wie er mich angeschaut hat, ob er mich mit Lena betrügt, ich hätte netter sein sollen …«
Das sind keine messerscharfen logischen Analysen (→ Kap. 6), das ist ein Konglomerat aus ungeprüften Meinungen und Halbwahrheiten. Ähnlich wie in George Orwells Roman *1984*[74] haben wir es mit Gehirnwäsche und plumper Propaganda zu tun – mit dem Unterschied, dass diese Unterdrückungsmethoden nicht von autoritären Herrschern ausgeübt werden, sondern von der modernen Frau selbst. Indem sie ständig gedanklich auf sich einwirkt, macht sie sich zu ihrer eigenen Untergebenen. Sie sperrt sich in ihr eigenes Grübelgefängnis und lässt sich von den Gefängniswärtern drangsalieren: von Angst, Wut (→ Kap. 7), Selbstmitleid, Schuld- und Schamgefühlen. Wenn sie sich Ausgang gewährt, verlässt sie ihre Zelle nur mit Maulkorb.

Gedankenfetzen und Kaugummisätze: Die Todfeinde der Macht

Man kann die Mentalprozesse der Frau von heute mit einer defekten Waschmaschine vergleichen, die bebt, brummt und knarzt, schleudert, schleudert und immer noch schneller schleudert. So wie diese kaputte Maschine durch exzessives Schleudern Kleiderfetzen produziert, so produziert das weibliche Grübeln endlos wiederkehrende Gedankenfetzen, die jeglicher Kohärenz und Konsistenz entbehren. Das Ausmaß der Katastrophe wird offensichtlich, sobald die moderne Frau anfängt zu reden. Anstatt zu sagen: »Ich schlage vor, wir kürzen unser Budget auf 80 Prozent!«, sagt sie: »Meinen Sie, wir sollten eventuell unser Budget kürzen?« Anstatt zu sagen: »Ich habe eine Idee, wie wir mit der Konkurrenz ins Gespräch kommen!«, sagt sie: »Wisst ihr, ich habe über unsere Probleme mit der Konkurrenz nachgedacht und mit ein paar Leuten darüber gesprochen und mir ist da so eine Idee gekommen, ich sage nicht, dass es die beste Idee ist, wahrscheinlich habt ihr auch alle super Ideen, also, was ich meine, ist …« Aufgrund ihrer fundamentalen Verunsicherung wagt sie es nicht, irgendetwas *klar* zu sagen. Lieber lässt sie sich von ihren Grübeleien den Maulkorb anlegen. Sie zieht ihre Sätze mit Erklärungen, Rechtfertigungen, Entschuldigungen und Erlaubnisgesuchen wie Kaugummis in die Länge. Denn Grübeln verträgt sich weder mit klaren Meinungen noch mit klaren Aussagen.

Dauergrübeln ist ein ernst zu nehmendes Frauenleiden, das sogar in Zusammenhang mit Depressionen stehen kann.[75] Warum lassen wir uns dann von ihm beherrschen? Warum lassen wir es zu, dass es unsere denkerische und rednerische Potenz beschneidet? Ganz einfach: weil wir glauben, dass wir durch diese selbstquälerische Art des Denkens sensationelle Einsichten gewinnen und so unsere Probleme sanft und unauffällig in den Griff kriegen können. Weil Grübeln uns hilft, uns wie Schulmädchen in die »vom anderen hergestellte Welt« (Popitz) zu fügen. Und weil wir nicht wissen, dass Sprache nicht nur zum Dauergrübeln und zum Äußern von Kaugummisätzen da ist, sondern auch zum *Handeln*.

Zu sprechen heißt, etwas zu *tun*. Dies ist die zentrale Einsicht der sogenannten Sprechakttheorie des britischen Philosophen John L. Austin (1911–1960). Austin entdeckte, dass es eine Art des Sprechens gibt, die nicht nur einfach etwas aussagt, sondern das, was sie besagt oder bezeichnet, zugleich vollzieht: die »performativen Äußerungen«. Wenn wir zu unserem Chef sagen: »Ich verspreche dir, dass ich die Sache bis morgen erledige«, benennen wir nicht nur eine Handlung – wir führen das Benannte auch aus. Wir reden nicht nur, wir schaffen eine Tatsache. Sprechen und Tun fallen in eins. Wenn wir in Gegenwart unseres Verlobten und eines Standesbeamten erklären: »Ja, ich will!«, sagen wir nicht einfach, dass wir wollen, wir *handeln* mit unseren Worten. Anders als Tatsachenfeststellungen oder Beschreibungen können performative Äußerungen gelingen oder misslingen, aber nicht wahr oder falsch sein. Misslingen würde unser Sprechhandeln, wenn wir »Ja, ich will!« hauchten, aber es sich bei unserem Verlobten um einen Pinguin handelte, kein Standesbeamte weit und breit zu sehen wäre oder niemand den Sinn jener Äußerung verstünde. Wie Austin in seinem bahnbrechenden Werk *Zur Theorie der Sprechakte (How to do Things with Words)*[76] darlegt, können die Sprechakte der Trauung, des Versprechens, der Wette oder der Taufe nur dann ihre Wirkung entfalten, wenn sie in bestimmten außersprachlichen »Ritualen« oder »Zeremonien« verankert sind – in allgemein anerkannten soziokulturellen Praktiken. Nur wenn es soziale Konventionen gibt, die die Worte bestätigen, kann Sprache ein Geschehen *in* der Welt sein (anstatt sich einfach bloß auf die Welt zu beziehen). Nur dann kann symbolisches Handeln außersymbolische Tatsachen schaffen, nur dann sind Worte wirklich mächtig. So weit, so einleuchtend. Aber: Laut Austin sind die Grenzen zwischen Was und Wie, zwischen Feststellungen mit Wahrheitsanspruch (»Es ist ein Mädchen«) und Sprechhandlungen als Teil einer rituellen Praxis (»Es ist ein Mädchen!«) fließend. Er bezweifelt, dass Sprache und Sprechen vollständig rational sind, denn beide sind Teil der Wirklichkeit – was radikale Folgen hat. Für Austin ist somit jedes Wort, das wahr zu sein verspricht, nur ein Sprechakt, eine *Aufführung* von Wahrheit.[77] Wenn all unsere Behauptungen eine performative Dimension haben, ist jeglicher ausgesprochene Satz eine Inszenierung. Jeder ist dann eine Art Bühne, auf der für irgendein Publikum etwas aufgeführt wird. Das heißt: Mit *allem*, was wir sagen, *tun* wir etwas; bei *allem*, was wir sagen, geht es ums Gelingen oder Misslingen, können wir Applaus oder Buhrufe ernten.

Übertragen auf die moderne Frau heißt das: Sobald sie anfängt zu sprechen, steht sie im Rampenlicht. Dabei hat sie nicht nur die Rolle der Sprecherin inne, sie ist auch Regisseurin ihrer Worte. *Wie* sie sagt, was sie sagen möchte, und was sie dadurch bei ihrem Gegenüber bewirkt, kann die Bedeutung dessen, *was* sie sagt, unterstreichen oder auch unterlaufen. Die moderne Frau ist nicht nur Dauergrüblerin und Kaugummisätze-Plapperin – sie verfügt durch ihre Sprach- und Sprechfähigkeit auch über Handlungsmacht.[78] Das sollte ihr zu denken geben.

Auf den Handlungscharakter geschickt platzierter Worte setzten schon die Erfinder der westlichen Redekunst: die griechischen Sophisten. Ihr »Könnensbewusstsein«[79] entsprang der Erkenntnis, dass Normen und Konventionen weder gottgegeben noch ewig gültig sind, sondern ihre Gültigkeit im Wettstreit der Meinungen erworben haben. Nicht *was* die Dinge sind, sondern *wie* sie erscheinen, ist für den rhetorischen Sprechakt zentral. An die Stelle der objektiven Wahrheit tritt die Kraft des stärkeren – aber nicht unbedingt wahren – Arguments. Ob Worte einleuchtend und glaubwürdig wirken, hängt aber nicht nur vom Redner ab, sondern entscheidend auch vom Publikum. Dies betonte nach den Sophisten vor allem Aristoteles: Das Publikum muss die inszenierte Rationalität des Sprechers akzeptieren können, wenn die Rede gelingen soll. Sonst verpuffen die Worte ungehört – und *ungetan*. Nach der Aristotelischen *Rhetorik*[80] beruht die Macht der Rede auf drei Überzeugungsmitteln: dem »Charakter des Redners« *(ethos)*, sprachlichen Fähigkeiten, um »den Hörer in eine gewisse Stimmung zu versetzen« *(pathos)* und »Beweisen oder scheinbare(n) Beweisen« *(logos)*.

Vergegenwärtigen wir uns nun nochmals die typische Grübelei der Frau mit Maulkorb. Wie soll daraus je anderes werden als ein Kaugummisatz, der (in Aristoteles' Worten) »gewichtige Dinge beiläufig« erwähnt und »das Harte weich« erscheinen lässt? Wenn diese Frau sagt: »Entschuldigung, aber ich würde gern …«, oder: »Nicht dass ich stören will …«, oder: »Meinen Sie, ob ich mal telefonieren dürfte?«, bewirkt sie nur eins: eine unbefriedigende bis kränkende Reaktion ihres Gegenübers, die sie in ihr Grübelgefängnis zurückdrängt und der Willkür der Gefängniswärter überlässt.

Der Ausbruch aus der Einzelhaft

Die moderne Frau, die sich für durchaus pragmatisch und organisiert hält, ist, ohne es zu wissen, eine Idealistin. Sie glaubt, sie könne sich ihren Grübelexzessen hingeben, ohne dass dies Auswirkungen auf ihr Kommunikationsgeschick hätte. Sie meint, dass sie das, was sie für das Wahre und Richtige hält, nur irgendwie auszusprechen braucht. Sie ist der Überzeugung, dass schon alles gut wird, wenn sie Ja sagt (→ Kap. 6) und Sätze von sich gibt, die der Rolle des artigen Mädchens (→ Kap. 8) entsprechen. Doch dieser Glaube ist etwas weltfremd. Auf diesem Planeten kann man selten mit dem Wahren und Richtigen punkten – aber immer mit *Glaubwürdigkeit*. Nur wer seine Absichten glaubwürdig artikuliert, wird ernst genommen, nur wer ernst genommen wird, wird anerkannt, nur wer anerkannt wird, wird mächtig, nur wer mächtig wird, hört auf zu grübeln. Solange sich die moderne Frau den vorgefundenen Konventionen, Regeln, Gepflogenheiten ohne Rücksicht auf eigene Wünsche und Träume fügt, muss sie in ihrem Grübelgefängnis bleiben. In Einzelhaft, ohne Kontakt zur Außenwelt. Allein mit ihrem Maulkorb.

Erinnern wir uns: Macht ist die Fähigkeit, andere machen zu *lassen*, zu agieren und die anderen reagieren zu *lassen*. Wie uns die Geschichtsbücher zeigen, ist diese Fähigkeit traditionell männlich besetzt. Frauen hingegen haben einfühlsam, emotional und introspektiv zu sein. Der im Kreißsaal geäußerte Sprechakt der Stunde null: »Es ist ein Mädchen!«, ist der erste einer endlosen Folge konventioneller Rituale, die die Frau subtil, aber wirksam in ihre Rolle pressen. Zur Konvention gehört, dass die Frau in jede ihrer Gefühlsregungen tief hineinhorcht, um festzustellen, ob sie nun traurig oder doch mehr ängstlich ist. Als Gepflogenheit gilt, dass sie sich über Beziehungen definiert, dass sie glücklich ist, wenn sie gemocht wird, und kreuzunglücklich, wenn man sie nicht mag. Wenn sich zwei Frauen auf einen Latte macchiato treffen, lautet die Regel, dass sich die Häftlinge ihre Grübeleien anvertrauen und über die Gefängniswärter jammern sollen. Was tun Frauen, wenn sie einander ihr Leid klagen? Sie reden und reden, und indem sie reden, *performen* sie. Das Theaterstück, das sie zum x-ten Mal füreinander aufführen, ist ihr »Ritual« (Austin), das sie wieder und wieder darin bestätigt, gestresst, einsam, unterschätzt, missbraucht, bemitleidenswert zu sein. Neben der Latte-macchiato-Show haben sie noch viele andere Stücke im

Repertoire, die sie genauso leidenschaftlich wiederholen – mit mäßigem Erfolg. Von »Wie sag ich's meinem Chef?« bis »Wie kann ich's meiner Mutter recht machen?« gilt: Jede Performance ist die Kopie der vorherigen. Und weil sich die Aufführungen so sehr gleichen, bleibt alles beim Alten. Mächtig bleiben die Konventionen, die die Frau an ihre Rolle fesseln. Mächtig bleibt der Überwachen-und-strafen-Mechanismus der Grübelgedanken.

»(Ist) eine Wiederholung denkbar, die den Sprechakt von den ihn stützenden Konventionen ablösen kann?«, fragt die amerikanische Philosophin und Rhetorik-Professorin Judith Butler[81] – und bejaht. Für sie ist ein Sprechakt nicht nur ein Akt, mit dem sich ein bestimmtes Ritual wiederholt. Er kann auch ein Akt der Transformation, der Umdeutung sein, eben weil er eine theatralische, rhetorische Dimension hat. Wie Austin sieht Butler den Menschen nicht als alleinigen Urheber seiner Äußerungen an, sondern eher als Nachbeter ererbter Sprechakte und entsprechender Konventionen. Je stumpfer ein Mensch vergangene Sprechakte wiederholt, desto deutlicher legen ihn seine Äußerungen auf eine bestimmte Rolle fest (etwa die der »Frau mit Maulkorb«). Butlers Botschaft an uns lautet: Wenn wir, die wir so großen Wert auf Verantwortung legen, *wirklich* verantwortlich sein wollen, sollten wir aufpassen, was wir sagen. Wir sollten uns bewusst sein, dass uns ein bestimmter »weiblicher« Sprachgebrauch vererbt wurde, den wir beim Sprechen weitergeben, dass niemand uns zur Wiederholung der immer gleichen Akte zwingt, dass es sehr gut möglich ist, die konventionellen »Theaterstücke« umzuschreiben oder zu parodieren.

Der Ausbruch aus der Einzelhaft kann nur gelingen, wenn wir die Machtinstrumente der Sprache und des Sprechens zum Einsatz bringen – so wie die anderen es ja auch tun.

Das Kind brüllt »Nein!«, und schon fügen wir uns. Der Mann schreit: »Müssen wir immer über das Gleiche reden?«, und schon sind wir still. Die Mutter sagt: »Es müsste mal jemand hier sauber machen«, und schon zücken wir den Wischmopp, anstatt zu einer saftigen Gegenrede anzusetzen! Wenn Buchstaben nicht mehr endlos durch unser Hirn rotieren, sondern die Welt verändern sollen, müssen wir anfangen, sie ordentlich zu gebrauchen. Wie? Durch eine Performance, die mehr als nur die Wiederholung der alten ist. Durch Worte und Gesten, die die Vorstellungskraft unseres Umfelds in Gang setzen und es glauben machen, es hätte keine andere Wahl, als sich unserem Willen zu beugen. Was Heinrich Popitz über die Entwicklung der Beziehung zwischen Kind und Erwachsenen schreibt, gilt auch für die Beziehungen zwischen uns und dem Rest der Welt: »Erst durch das Eigengewicht der Vorstellung wird autoritative Abhängigkeit zu einer vollständigen Bindung, die der Abhängige überall mit hinnimmt, mit sich herumträgt«.[82]

Wir sind keine Kinder mehr. Wir wissen: Beim gelingenden Sprechakt geht es nicht darum, ein Einserzeugnis nach Hause zu bringen. Es geht um die Wirkung dessen, was wir tun, indem wir es sagen. Darum, wie glaubwürdig die Macht, die wir für uns beanspruchen, den anderen erscheint.

Philosophisches Machtmittel Nr. 5:
Worte in Taten verwandeln

Wenn Sie sich nur selten an Gesprächsinhalte erinnern, ist dies nicht auf Ihre mangelnde Intelligenz zurückzuführen oder darauf, dass Sie an Demenz erkrankt sind. Es liegt an Ihrem chronischen Grübeln. Ihr Gehirn knarzt, weil es sich so sehr abmüht, Sie in eine Rolle zu pressen, in der Sie sich eigentlich gar nicht wohlfühlen. Es spuckt lauter stumme Sprechakte aus, die nur dazu da sind, Sie kleinzuhalten: Klagen (»Er ist so gemein!«), Fragen (»Warum kann ich nicht einmal Glück haben?«), Befehle (»Sei nicht so langsam!«), Behauptungen (»Ich bin ein Esel!«). Sprechakte, die in Ihren grauen Zellen wüten, können natürlich niemals die Welt verändern, da ja nur Ihr Kopf im Publikum sitzt. Wenn Sie Ihr quälendes Privattheater verlassen wollen, betrachten Sie aus ein, zwei Metern Entfernung, wie Sie gewöhnlich mit anderen in Kontakt treten. Was sehen Sie? Eine Frau, die gut aussehen will. Und was hören Sie? Eine sanfte Stimme, die ziemlich schnell ziemlich lange Sätze von sich gibt, die sich durch Verschwommenheit und Mehrdeutigkeit auszeichnen. Was Sie da sehen und hören, sind nicht Sie. Es ist nicht Ihr »Sein«, sondern Ihr »Sollen«. Es ist Ihre Rolle. Die Rolle der Artigen, die nichts äußern darf, was den Idealen von sanfter Weiblichkeit und sorgender Mütterlichkeit widerspricht, ist übrigens alles andere als modern – sie geht auf Konventionen des 19. Jahrhunderts zurück.[83] Wenn Sie das Gefühl haben, mit Ihnen stimme etwas nicht, hat dies einen einfachen Grund: Ihr »Sein« weigert sich zu »sollen«. Tragen Sie etwa den Titel *working mom*, besteht Ihr Sollen darin, einerseits die Verantwortlichkeiten der »guten Mutter« wahrzunehmen und andererseits die der »guten Mitarbeiterin« oder »Topführungskraft« – sowie die widersprüchlichen biologischen, sozialen und psychologischen Aspekte Ihrer Rollen so in Einklang zu bringen, wie es den Maßstäben der »modernen Frau« entspricht. Wenn Ihnen dies im Grunde schwachsinnig, da unmöglich, erscheint, machen Sie sich bewusst, dass Sie nicht notwendig an vorgegebene Rollenmaßstäbe gebunden sind. Sie *sind* schließlich nicht Ihre Rolle(n)! »Dadurch«, schreibt der britische Philosoph Bernard Williams (1929–2003), »dass sich ein

Mensch eines ihm zugeschriebenen Rollentitels und seines Verhältnisses zu dieser Rolle bewusst zu werden vermag, kann er sich weigern, die Maßstäbe der Rolle zu Determinanten seines Lebens zu machen.«[84]

Vergessen Sie Ihre alte Rolle – erfinden Sie eine neue.

Schritt 1. Wenn Sie morgens aufwachen, hüten Sie sich davor, das Radio einzuschalten, um Ihr knarzendes Gehirn zu überdröhnen. Ordnen Sie lieber die Buchstaben in Ihrem Kopf. Was wollen Sie heute tun? Fangen Sie möglichst bald an, Ihre Gedanken *auszusprechen.* Äußern Sie Ihre Absichten, nicht Ihre Bedenken. Machen Sie sich bewusst, dass Sie in dem Moment, in dem Sie den Mund öffnen, auf einer Bühne stehen. Sie sagen nicht einfach irgendetwas, Sie produzieren Sprech*akte.* Das Publikum – Ihr Mann, Ihre Kinder oder, wenn Sie allein leben, Ihr Spiegelbild – hört und sieht nicht nur, was Sie sagen, sondern auch, wie Sie es sagen. Wenn Sie Ihre Absichten äußern, muss Ihnen klar sein, was Sie mit Ihren Worten beim Publikum bewirken wollen: Gehorsam oder Mitleid? Respekt oder Verachtung? Schreiben Sie den Text für Ihre Rolle ein wenig um.

Hier ein paar Tipps: Kürzen Sie alle »Ähms«, »Hihis« und »Vielleichts« raus. Streichen Sie die Stellen, in denen unerhebliche Sachverhalte (»Ich bin spät dran«) lang und breit erklärt und gerechtfertigt werden. Informieren Sie die anderen über Ihre Vorhaben, statt sie um Erlaubnis zu fragen. Stellen Sie nur dann eine Frage, wenn Sie wirklich etwas wissen wollen. Sofern Sie eine Meinung oder einen Wunsch äußern möchten, setzen Sie anstelle von Fragezeichen und Auslassungspunkten einen *Punkt.* Statt zu sagen: »Ob man vielleicht noch mal die Bilanzen durchgehen sollte?«, verkünden Sie: »Ich schlage vor, wir gehen noch mal die Bilanzen durch.« Äußern Sie Kritik höflich, aber verpacken Sie

sie bloß nicht in einem Wust aus Nettigkeit. Wenn Sie Angst haben, Ihre Kaugummisätze radikal zu kürzen, lesen Sie in Aristoteles' *Rhetorik* nach: »Einen Abschluss muss es aber geben, [...] denn ohne Reiz und geistig nicht erfassbar ist Endloses.«[85] Reden Sie nicht so schnell – auch bei Sprechhandlungen gilt: Sei eine Schnecke (→ Kap. 3)! Schnellredner werden nicht ernst genommen. Wenn Sie wollen, dass andere Ihnen zuhören, bauen Sie effektvolle Pausen ein.

Schritt 2. Duzen Sie nicht immer alle und lassen Sie sich nicht immer von allen duzen.[86] Sie sind schließlich volljährig. Hüten Sie sich davor, sich von den Dus, die auf der beruflichen Bühne geäußert werden, verführen zu lassen. »Du« suggeriert eine Intimität, die meist gar nicht besteht – gar nicht bestehen dürfte. Wenn Ihr Chef »Hase« oder »Sweetie Pie« zu Ihnen sagt, um Sie einzuschüchtern, missbraucht er das Ritual des Duzens. In diesem Fall parodieren Sie seine Anrufung einfach, indem Sie ihn – für alle hörbar! – genauso nennen. Die Macht wird auf Ihrer Seite sein.

Schritt 3. Vergessen Sie über dem Sprechen Ihren Körper nicht. Wie wir dank Judith Butler wissen, gibt es keine klare Grenze zwischen Sprache und Körper: Ein Wort kann genauso verletzen wie ein Messer, und unsere Physis sagt immer mehr, als wir zu sagen meinen oder beabsichtigen. Es gibt keine »reine« Sprache – der Körper redet immer mit. Diese Einsicht ist besonders wichtig in Zeiten des »Semio-Kapitalismus«, einer Gesellschaftsordnung, die über das Aussenden und Interpretieren von Zeichen funktioniert.[87] Denken wir an den ausgestreckten Mittelfinger, den der spätere griechische Finanzminister Yanis Varoufakis 2013 angeblich in die Kamera hielt: Der Streit um die Echtheit dieser schillernden Geste machte Varoufakis' Finger berühmt, ließ ihn »zu einem Symbol historischen Ausmaßes« werden, wie der kroatische Philosoph Srećko Horvat (*1983) meint. Zeichen sind rhetorische Waffen, deren Bedeutung man unterschiedlich auslegen kann. Welche Bedeutung ein Zeichen, eine Geste, ein Lächeln haben soll, entscheiden die Mächtigen – die mit den gelungensten Sprechakten.

Die Zeichen, die Ihr Körper aussendet, zählen zu Ihren stärksten Argumenten. Achten Sie darauf, dass Ihre Gesten zu Ihren Worten passen (Sie müssen ja nicht gleich den Mittelfinger zeigen). Senden Sie nur Zeichen aus, die die Botschaft Ihrer Macht-Worte untermauern. Die Symbolkraft abgebissener Fingernägel ist genauso stark wie die einer stolzen Brust – lässt Ihre Performances aber viel eher misslingen. Erlauben Sie den Zeichen anderer nicht, Sie zu verletzen. Wenn Sie sich von der offensiv zur Schau gestellten teuren Markenkleidung Ihrer Chefin gedemütigt fühlen, schlagen Sie zurück: »Zitieren« Sie diese Kostümierung. Kaufen Sie sich paar billige, aber eindrucksvolle Kopien der Luxusklamotten bei Zara – und parodieren Sie die Show Ihrer Vorgesetzten.

Schritt 4. Werden Sie nicht ungeduldig, wenn Ihre Worte und Körper-Symbole nicht gleich Wirkung zeigen. Bis Sie sich in die umgeschriebene Rolle eingefunden haben, kann es etwas dauern. Vielleicht werden ein paar Ihrer neuen Sprechakte zunächst fehlschlagen. Lassen Sie sich nicht irritieren – lassen Sie die anderen reagieren. Wenn Sie Ihren Partner informieren: »Ich kann nicht sagen, ob und wann ich heute Abend nach Hause komme«, und er zeigt Ihnen einen Vogel, besteht kein Grund, wieder ins Grübeln zu verfallen. Machen Sie sich klar, dass Sie diesen Mann mit Ihrer neuen Art des Sprechhandelns verärgert haben und dass hinter dieser Verärgerung Verwirrung steckt. Je mehr Sie ihn durch Ihre Auftritte verwirren (»Hat sie das gerade *wirklich* gesagt?«), desto mehr bringen Sie *ihn* zum Grübeln – desto mehr haben Sie die Macht auf Ihrer Seite.

Schritt 5. Sie zögern? Halten Sie sich vor Augen, was passiert, wenn Sie darauf verzichten, mit Worten und Zeichen in diese Welt einzugreifen. Sie identifizieren sich dann mit einem Part, der alles andere als »modern« ist. Sie fügen sich den Konventionen einer Zeit, in der es Frauen verboten war, »unartige« Ambitionen zu hegen. Halten Sie sich das Schicksal der romantischen Philosophin und Dichterin Karoline von Günderrode (1780–1806) vor Augen, die mit der konventionellen »Weiberglückseligkeit« zeitlebens auf Kriegsfuß stand. Karoline muss früh erwachsen werden. Nach dem Tuberkulosetod ihres Vaters, eines Regierungsrats, beginnt der soziale Abstieg der Familie. Die Mutter verdingt sich als Hofdame, Karoline ist für ihre sechs Geschwister fast allein verantwortlich. Anstatt sich aber möglichst früh einen Versorger zu suchen und zu heiraten, frönt sie lieber ihrem Bildungstrieb, liest Hegel, Schiller, Hölderlin und Goethe. Die Mutter steckt sie in ein Damenstift, wo man sie zu Hauswirtschaft und Handarbeiten zwingt. Um nicht wahnsinnig zu werden, legt die intellektuell Unterforderte ein Denktagebuch an. Sie entwickelt eine philosophische Poesie, die sie dem streng rationalen Systementwurf Immanuel Kants entgegensetzt. Zur Belohnung wird sie von ihrer ersten Liebe, dem Juristen Friedrich Carl von Savigny, »Günderrödchen« genannt.[88] Karoline lässt sich nicht beirren – sie kann »Sein« und »Sollen« sehr gut auseinanderhalten. »Es gehört zu dem Leben meiner Seele«, schreibt sie in einem Brief, »dass ich mich für irgendeine Idee begeistere … Ich trinke so unmäßig an dem Nektarbecher, bis ich ihn in mich geschlürft habe; und wenn er denn leer ist, das ist unerträglich.«[89] 1804 veröffentlicht sie ihre *Gedichte und Phantasien*[90] unter dem Pseudonym eines Mannes. Als sich herausstellt, dass »Tian« weiblich ist, straft man sie mit Herablassung. Schließlich findet Karoline doch noch einen Förderer, den verheirateten Altertumsforscher Georg Friedrich Creuzer. Sie verliebt sich unsterblich in ihn, er aber ist mit ihrer geistigen Radikalität, ihrer Freiheitsliebe und ihrem Idealismus überfordert. Karoline zieht die Konsequenzen. Sie hat keine Lust mehr, sich auf andere Menschen einzulassen, vergräbt sich tiefer und tiefer in ihr Denken – und begeht am Ende Selbstmord.

Anders als Karoline von Günderrode haben Sie das Privileg, weit nach 1780 geboren zu sein: Verhalten Sie sich nun bitte auch so. Die Zeiten haben sich geändert. Sie müssen sich nicht wie Karoline in das weibliche Grübelgefängnis zurückdrängen lassen (bis Sie keinen anderen Weg mehr sehen, als sich einen Dolch in die Brust zu stoßen). Schluss mit dem Theater der Selbstbestrafung!

Schritt 6. Ermutigen Sie alle weiblichen Wesen in Ihrem Umkreis zum Sprechen, nicht zum Grübeln. Wenn Sie eine Tochter haben, die auf Pferde steht, bestehen Sie nicht darauf, dass Ihr Kind gesittet auf und ab trabt. Lassen Sie zu, dass es sich wild wie ein Junge gebärdet. Fragen Sie die Kleine nicht ständig, wie sie sich fühlt. Ermutigen Sie sie, Worte in Taten zu verwandeln. Seien Sie generell nicht zu empathisch – hören Sie sich nicht stundenlang die ewig gleiche Leier Ihrer Freundinnen an, motivieren Sie sie lieber zu eindrucksvollen Sprechakten. Wenn Sie sich selbst aus der Rolle der allzeit Netten und Fürsorglichen befreien, können Sie andere inspirieren, das Gleiche zu tun. Machen Sie den Mund auf, handeln Sie. Werden Sie zum *role-model*.

MERKE: Eine mächtige Frau ist gut, viele mächtige Frauen sind besser.

> »*Diese Welt ist eine Treppe; der eine steigt hinauf,*
> *der andere steigt hernieder.*«
>
> KATHARINA VON SIENA

6 Die Unfähigkeit, Nein zu sagen

Iwan Petrowitsch Pawlow (1849–1936) war ein ungewöhnlicher kleiner Junge. Er liebte es, Gläser und Teller zu spülen und sich um seine zehn jüngeren Geschwister zu kümmern. Auch das Gärtnern hatte es ihm angetan. Iwan war hochintelligent und lernte früh lesen. Dann fiel er von einer Mauer und knallte auf einen Steinfußboden. Wegen seiner schweren Verletzungen konnte er erst spät die Schule besuchen, entwickelte dafür aber früh einen ausgeprägten Forscherinstinkt. Er wurde Physiologe und später der erste Nobelpreisträger Russlands. Berühmt ist Iwan Petrowitsch Pawlow bis heute für ein Experiment, bei dem er den Speichelfluss von Hunden untersuchte. Pawlow bemerkte, dass den Hunden schon beim Anblick ihres Fressnapfs das Wasser im Mund zusammenlief (und nicht erst bei der Nahrungsaufnahme). Er ließ vor jeder Fütterung eine Glocke ertönen, so lange, bis die Hunde eine Verbindung zwischen »Glocke« und »Fressen« hergestellt hatten – und der Glockenton den Speichelfluss auch dann aktivierte, wenn weit und breit kein Futter zu sehen war.[91]

Wir wissen nicht, wie viel Pawlow von Frauen verstand. Dass er als Kind ein gewisses mädchenhaftes Gebaren zeigte, weist ihn noch nicht als Kenner weiblicher Verhaltensmuster aus. Das von ihm entdeckte Prinzip der klassischen

Konditionierung sagt trotzdem viel über uns aus. Tatsächlich hat die moderne Frau nicht nur viel mit einer Ameise gemein, sondern auch mit dem Pawlow'schen Hund: Frau und Hund verlieren die Kontrolle, wenn man sie mit einem Schlüsselreiz konfrontiert. Dem Pawlow'schen Hund fließt der Speichel, sobald es bimmelt, die moderne Frau lässt alles stehen und liegen und sagt Ja, sobald jemand etwas von ihr will.

Natürlich ist die Frau von heute ein weit höher entwickelter Organismus als ein Hund. Sie folgt nicht ihren Instinkten, sondern ihren Überzeugungen. Einer ihrer wichtigsten Glaubenssätze, der weite Teile ihres an sich überdurchschnittlichen Denkvermögens okkupiert, lautet: *Wenn ich Ja sage, wird alles gut.* Sobald sie ein Anliegen wittert, einen Wunsch, eine Bitte oder eine unverschämte Forderung, hört sie schlagartig auf, ihren Verstand zu gebrauchen, und tut, was ihrer Meinung nach von ihr verlangt wird. Mit vorauseilendem Gehorsam hofft sie, jeder Kritik zuvorzukommen, die ihre beruflichen, partnerschaftlichen, mütterlichen oder töchterlichen Leistungen infrage stellen könnte. Sie ist derart aufs Jasagen konditioniert, dass sie andere Reaktionsweisen erst gar nicht in Betracht zieht. Lieber beißt sie sich die Zunge ab. Lieber ist sie überaus zuvorkommend. Lieber erledigt sie still die Arbeit anderer. Sie hat (fast) alles im Griff – doch gegen ihren Jasage-Reflex ist sie machtlos: »Können Sie Kaffee machen? Und unbezahlte Überstunden?« Ja! – »Erledigst du die Einkäufe?« Ja! – »Ich will ein iPhone!« Du kriegst es! – »Mein Kopf schmerzt.« Ich springe für dich ein! – »Ich kann nicht mehr …« Ich schon: Ich koche, putze, wasche, bügle, stelle die Präsentation fertig, organisiere den Urlaub, ich brauche keinen Schlaf!

Jasagen ist schön, Jasagen tut gut. Wer Ja sagt, ist auf der Seite der Guten. Wer anderen die Wünsche von den Lippen

abliest, wird gelobt, geliebt, anerkannt. Ganz sicher. Irgendwann, nach so und so vielen Jas, winkt eine dicke Belohnung. Bestimmt! Vielleicht. Vielleicht auch nie …

Vom Nutzen der Logik für das wirkliche Leben

Die Frau mit Maulkorb glaubt an den Sprechakt (→ Kap. 5)
des Jasagens, weil sie an den Zauber gewaltfreier Kommunikation und die Regeln des Fairplay glauben möchte. In
einem Universum, in dem gute, vernünftige Menschen das
Sagen haben, hat dieser Glaube durchaus seine Berechtigung.
In dieser Welt aber, wo sich alles um Macht dreht, wäre es
besser, sie glaubte auch an die Strenge logischer Argumentation. Logik und Rhetorik gehen Hand in Hand: Rhetorik
braucht Logik, um glaubwürdig zu erscheinen, etwas zu
bewirken, zu überzeugen. Rhetorik ohne Logik ist Dema-
gogie. Die moderne Frau, die in Unkenntnis elementarer
logischer Prinzipien lebt, fällt leicht auf rhetorische Tricks
herein. Sie wird von jeder Vagheit, jeder Schmeichelei, jeder
Drohung so überwältigt, dass sie nur noch ein »Ja!« her-
auspressen kann. Die Frau von heute weiß zwar ganz genau, dass sie bestimmte Dinge *eigentlich* nicht will, kann
aber leider oft die *Gründe* für ihr Nichtwollen nicht benennen. Die Frau, die lieber einen Maulkorb anlegt, als Nein zu
sagen, hat in der Regel mit Logik nichts am Hut. Weil sie ihr
Nichtwollen nicht begreift, kann sie es nicht begründen,
und weil sie es nicht begründen kann, bleibt ihr nichts anderes übrig, als Ja zu sagen. Logisch!? Der sowieso schon über-
volle Kopf der Frau mit Maulkorb enthält zahllose Meinungen, die von der Wucht des Jasage-Reflexes hinweggefegt
werden, bevor ernst zu nehmende Argumente daraus entstehen können. In ihrem Gehirn spielen sich merkwürdige

Szenen ab. Zwischen einem Ja und dem nächsten kommt es zu Wortwechseln unterschiedlichster Stimmen, die alle irgendwie recht haben wollen. Wenn Stimme A meint: »*Glück heißt, frei zu sein, und um mich frei zu fühlen, muss ich auch mal Nein sagen*«, meint kurz darauf Stimme B: »*Glück ist, wenn alle zufrieden sind, und damit alle zufrieden sind, muss ich stets Ja sagen.*« Natürlich ist dies kein sachlicher Dialog, sondern – logisch betrachtet – eine ziemliche Katastrophe. Der argumentative Wert dieses Schlagabtauschs ist gleich null. B stimmt A weder zu noch widerlegt B A's These. B behauptet einfach irgendetwas, das zu A's Aussage in keinerlei Beziehung steht. Statt einer kohärenten Überlegung ergeben sich viele Fragezeichen, die in Kombination mit unzähligen Grübelgedanken verhindern, dass sich die moderne Frau über ihren eigenen Standpunkt klar wird – und Nein sagt. Ihr Denken ist eine Dauerbaustelle, auf der ständig irgendwelche Thesen aufgestellt und wieder verworfen werden, sodass kaum mehr Platz für die logische Analyse bleibt. Und auch kaum Denkraum, um die Pseudologik anderer zu entlarven.

Stellen wir uns eine Frau vor, deren Sohn Bleistifte stets schief in der Hand hält. Sie erwähnt dies gegenüber ihrer Freundin, und die Freundin erklärt: »Frau Dr. Horn sagt, Kinder, die ihren Stift nicht gerade halten können, sind Legastheniker.« Wenn die Frau mit Logik nichts am Hut hat, ist sie möglicherweise beeindruckt. Wenn sie wie ihre Freundin ein Dr.-Horn-Fan ist, kann es gut sein, dass sie deren implizite Voraussetzung übernimmt: »Alles, was Dr. Gesine Horn sagt, ist wahr.« Und schon ist es um sie geschehen. Schon ergibt sie sich der Macht einer mutmaßlichen Autorität. Sie ist von der vermeintlichen Expertise Dr. Horns (wie von ihrer Freundin dargestellt) derart ergriffen, dass sie dem versteckten – und subtil durch die Worte der Freundin vermarkteten – Anliegen Dr. Horns noch am selben Tag nachkommt und einen Termin vereinbart, um ihr Kind mit der Dr.-Horn-Methode therapieren zu lassen. Ihre Ergriffenheit hält sie davon ab, eine kühle logische Analyse anzustrengen und den *Grund* ihrer Reaktion zu prüfen. Täte sie es, würde ihr klar, dass die Aussage »Frau Dr. Horn sagt, Kinder, die ihren Stift nicht gerade halten können, sind Legastheniker« mehr als fragwürdig ist – die Stärke dieses Satzes beruht ja nicht auf logischer Stringenz, sondern lediglich auf der Nennung eines Autorität versprechenden Namens; auf einer ideologischen Überzeugung. Sie hätte guten Grund, Nein zu Dr. Horns Thesen und Therapien zu sagen. Doch sie tut es nicht. Sie stimmt zu. Sie sagt Ja. Sie ergibt sich ihrem Reflex. Sie stellt sich auf eine Stufe mit Pawlows Hunden.

»Macht ist freiheitsbegrenzend, als Eingriff in die Selbstbestimmung anderer begründungsbedürftig«, heißt es in Heinrich Popitz' *Phänomene der Macht,* »alle Macht ist fragwürdig.«[92] Macht ist überall. Sie tritt nicht nur im Bundestag in Erscheinung, sondern auch in der Alltagskommunikation. Das ist die Wirklichkeit, alles andere ein Traum. Wenn Macht unbegründet daherkommt, müssen wir Nein sagen. Wenn wir mit fadenscheinigen Argumenten konfrontiert werden, müssen wir sie zurückweisen. Aber was ist eigentlich ein Argument? Hier ein kleiner Crashkurs[93]:

Jedes Argument setzt sich aus einer oder mehreren Voraussetzungen (*Prämissen:* »weil« oder »wenn«) und einer Schlussfolgerung (*Konklusion:* »also«, »daher«, »folglich«) zusammen. Die Kunst besteht darin, die Thesen, die man vertreten möchte, so miteinander zu verbinden, dass eine gültige Konklusion dabei herauskommt. Wenn ein Argument schlüssig sein soll, kommt es auf die Form an, nicht auf den Inhalt – wie schon Aristoteles, der Vater der formalen Logik, erkannte. Das berühmteste Beispiel für formal gültiges Schließen ist der sogenannte Syllogismus[94]: »Alle Menschen sind sterblich (1. Prämisse). Sokrates ist ein Mensch (2. Prämisse). Also ist Sokrates sterblich (Konklusion).« Die sogenannte deduktive Logik, die vom Allgemeinen auf das Besondere schließt, scheint kinderleicht. So leicht, dass man auf die Idee kommen könnte, ein wenig zu variieren: »Alle Menschen sind sterblich. Sokrates ist sterblich. Also ist Sokrates ein Mensch.« Was natürlich Unsinn ist – Sokrates könnte ja ein Wellensittich sein! Bei der induktiven Logik wird umgekehrt vom Einzelfall auf das Allgemeine geschlossen. »Weil es bisher morgens immer hell wurde, wird es auch morgen hell werden.« Auch hier ist Vorsicht geboten. Die Stärke der Behauptung, dass es morgen hell werden wird, beruht mitnichten auf einem schlüssigen Argument – wenn man Helligkeit erwartet, eben weil es immer hell wurde, ist dies vom Standpunkt der Logik noch lange kein hinreichender Grund. Rein logisch können wir nicht ausschließen, dass der Himmel morgen dunkel bleibt; so wie wir ja auch nicht ausschließen können, dass wir morgen im Lotto gewinnen (vorausgesetzt, wir haben einen Lottoschein ausgefüllt). Die Aussage »Weil es gestern hell wurde, wird es auch morgen hell« ist um keinen Deut überzeugender als die Aussage »Weil Herr Hirsch alles weiß, ist er allwissend.« In beiden Fällen dient die Schlussfolgerung auch als Prämisse; man setzt das, was man beweisen will, schon voraus – man macht sich einer *petitio principii* (eines Zirkelbeweises) schuldig.

Nun bewegen wir uns nicht im Reich der reinen Logik. Unser Terrain sind Büros, Schulen, Schlafzimmer, Kinderzimmer. In der wirklichen Welt geht es nicht um wasserdichte, notwendig wahre Argumente – sondern um stärkere, schwächere und ganz schwache *Teil*argumente. Nehmen wir die Aussage von Herrn Hirsch: »Der Bericht muss bis 16 Uhr fertig sein.« Wenn Hirsch unser Vorgesetzter ist, besteht eine gewisse Wahrscheinlichkeit, dass wir seinen Sprechakt als Anliegen deuten und reflexartig »Geht klar!« antworten, ohne die versteckten Prämissen und die unausgesprochene Konklusion zu prüfen, die dieser Äußerung zugrunde liegen: »Diese Frau hat noch nie Nein gesagt. Eine Frau, die noch nie Nein gesagt hat, wird dies auch in Zukunft nicht tun. Also wird sie den Bericht bis 16 Uhr abliefern.« Ein wenig plausibles Argument, das sich leicht entkräften lässt, indem man es etwas umformuliert: »Diese Frau hat noch nie Nein gesagt. Eine Frau, die noch nie Nein gesagt hat, kann dies jederzeit nachholen. Also ist völlig unklar, ob sie den Bericht bis 16 Uhr abliefert.«

Auf unserem Planeten ist nichts sicher. Es kann sein, dass es morgen dunkel bleibt. Es ist möglich, dass wir morgen Nein sagen. Niemand hat gesagt, dass wir unsere Konditionierung nicht löschen können. Ein Mensch ist schließlich kein Versuchstier, sondern ein »mit *Vernunftfähigkeit* begabtes Tier *(animal rationabile)*«, das aus sich »ein *vernünftiges Tier (animal rationale)* machen kann«, wie es bei Immanuel Kant heißt.[95] Wir können die Machtverhältnisse neu definieren. Wir sind in der Lage, erst unser Hirn einzuschalten und dann den Mund aufzumachen.

Recht haben und recht kriegen

Macht bekommt man nicht geschenkt, man muss sie sich erstreiten. Zu diesem Zweck hat die Natur dem »Tier« Mensch zwei sensationelle Waffen mitgegeben: die Faust und die Sprache. Professionell zugefügte Schläge ziehen blaue Flecken, ausgeschlagene Zähne und Blutverlust nach sich.

Worte können innere Verletzungen, Selbstzweifel oder see-lische Traumata zur Folge haben; und sie können einem Respekt verschaffen. Wortgewalt ist die Macht, andere vor Ehrfurcht erzittern zu lassen. Die moderne Frau, die sich durch *begründete* »Neins« Geltung verschaffen will, muss die logischen Fehler oder die mangelnde Wahrscheinlich-keit einer Argumentation aufdecken können – ihrer eigenen wie die der anderen. Sie muss wissen, womit sie es logisch zu tun hat, damit sie rhetorisch auftrumpfen kann. Wenn sie unfaire Gegner besiegen will, muss sie schlechten Argu-menten gute entgegensetzen. Schnell. Deutlich. Sie muss sich nicht nur als Logikerin, sondern auch als Dialektikerin bewähren. »Meine Ansicht also ist, die *Dialektik* von der Logik schärfer zu sondern, als Aristoteles es getan hat«, schreibt Arthur Schopenhauer (1788–1860) in *Die Kunst, recht zu behalten,* »der *Logik* die objektive Wahrheit, so-weit sie formell ist, zu lassen, und die *Dialektik* auf das *Rechtbehalten* zu beschränken …«[96]

In dieser Welt sind recht haben und recht kriegen zwei-erlei. Wie die Erfahrung zeigt, ist das Recht selten aufseiten der Wahrheit zu finden, aber immer aufseiten der Macht – aufseiten derer, die durch das, wie sie sich geben und was sie von sich geben, mächtig *erscheinen*. »Autoritäten, die der Gegner gar nicht versteht, wirken meistens am meisten«, erklärt Schopenhauer. Vernebelungstaktiken suggerieren Macht, wo (unter Umständen) gar keine vorhanden ist. Da-zu zählen laut Schopenhauer ins Gespräch eingestreute La-tinismen und Gräzismen (»Legasthenie«!), aber auch *die allgemeine Meinung*, die »beim Lichte betrachtet, die Mei-nung zweier oder dreier Personen« ist (»Alles, was Dr. Horn sagt, ist wahr!«). Für Leute, die Allgemeinheiten, Vagheiten oder Pseudoklarheiten verbreiten (lassen), sind aufs Jasagen konditionierte Frauen ein gefundenes Fressen. Nehmen wir

die Pseudoklarheit: »Wer nicht für mich ist, ist gegen mich.«
Wenn wir jetzt nicht ganz schnell schalten, haben wir den
Satz schon bejaht. Dabei ist jenes eindrucksvolle Nebelge-
bilde nichts als ein *Pseudodilemma:* Neben den Möglichkeiten a) »für mich« und b) »gegen mich« gibt es schließlich noch mindestens eine weitere Option: »Wer nicht für
mich ist, dem bin ich egal.«

Die brutalste Methode, sich als (falsche) Autorität Recht
zu verschaffen, ist der Angriff auf die Person *(ad personam).*
Die Unterstellung »Sie sind unfähig!« tut erst gar nicht so,
als wäre sie eine sachbezogene Argumentation – sie bringt
ihren Adressaten »in Zorn dadurch, dass man unverhohlen
ihm Unrecht tut und schikaniert und überhaupt unverschämt ist«, so Schopenhauer. Wenn wir uns angegriffen,
beleidigt, gedemütigt fühlen, heulen wir vielleicht eher, als
wütend zu werden (→ Kap. 7) – das Ergebnis ist aber das
Gleiche: Kontrollverlust. Verlust des eigenen Wollens. Wir
heulen, weil uns Unrecht getan wurde, und wenn wir genug
geheult haben, fühlen wir uns so schwach, dass uns alles
egal ist. Wir geben zu, dass wir inkompetent sind (→ Kap. 8),
und bringen es vielleicht sogar fertig, uns bei dem Angreifer
zu entschuldigen. Oder aber wir holen todesmutig zur Gegenattacke aus: »Sie sind ja selbst unfähig, Sie halten sich
ja auch nie an die Absprachen!« Hinter diesem sogenannten *tu quoque*-(»Du auch!«)-Argument steht das Prinzip:
»a) Wer selbst unfähig ist, hat kein Recht, einem anderen
Unfähigkeit vorzuwerfen, also b) ist der Vorwurf damit erledigt.« Doch selbst wenn man a) zugibt, folgt daraus noch
lange nicht b). Nur weil unser Gegner moralisch nicht zu
diesem Vorwurf berechtigt ist, muss das nicht heißen, dass
er falsch ist. Wenn wir zurückmaulen: »Sie halten sich ja
auch nie an die Absprachen!«, suggerieren wir jedenfalls,
dass wir selber nicht ganz unschuldig sind – auch wenn es

sich wahrscheinlich nur um eine eingebildete Schuld handelt (eine, die aus chronisch schlechtem Gewissen resultiert). So oder so verzichten wir darauf, recht zu kriegen. Unsere Gegenattacke stellt kein *Nein* zur Demütigung dar, sondern ein *Ja* zur Überlegenheit des Angreifers. Aber das ist nicht alles. Wenn wir mangels logisch-dialektischer Kunstgriffe unsere eigene Schuld zugeben – da, wo wir unschuldig sind! –, gefährden wir unsere Glaubwürdigkeit. Und riskieren mehr als nur einen misslungenen Sprechakt …

Jedes Mal, wenn wir Ja sagen, aber eigentlich Nein meinen, erniedrigen wir uns. Mit jedem Ja, das ein Nein hätte sein sollen, nehmen wir uns ein Stück jener Würde, die uns laut Immanuel Kant als Personen – als »vernünftigen Tieren« – naturgemäß zukommt. Wir laden andere dazu ein, mit uns umzugehen, wie man nicht mit uns umgehen sollte. Was uns nach Kant als würdebegabten Menschen zusteht, ist Respekt: »Achtung, die ich für andere trage, oder die ein anderer von mir fordern kann, ist die Anerkennung einer Würde an anderen Menschen, d. i. eines Werts, der keinen Preis hat, ein Äquivalent, wogegen das Objekt der Wertschätzung ausgetauscht werden kann.«[97]

Wenn wir nie Nein sagen, verzichten wir auf eine respektvolle Behandlung. Wir verhalten uns wie Pawlow'sche Hündinnen. Wir lassen uns für unsere Leistungen mit einem Knochen abspeisen (obwohl wir mindestens ein Fünf-Gänge-Menü verdient hätten). Wir nehmen es in Kauf, nicht ernst genommen zu werden. Doch wenn wir nicht ernst genommen werden, werden wir nicht respektiert, und wenn wir nicht respektiert werden, bleiben wir machtlos. Das müssen wir ändern. Sonst setzen wir nicht nur unsere Würde aufs Spiel, sondern auch unseren Ruf. Dialektikerin oder Jasagerin? – das ist hier die Frage.

Philosophisches Machtmittel Nr. 6:
Scharf argumentieren

»Im Ruf von Macht stehen ist Macht, weil dies die Anhängerschaft von Schutzbedürftigen nach sich zieht«, schreibt der englische Philosoph Thomas Hobbes (1588–1679) in seinem berühmten Werk *Leviathan*. »… Ebenso ist jede Eigenschaft Macht, die einem Menschen die Liebe oder die Furcht vieler einbringt, oder der Ruf einer solchen Eigenschaft, da sie ein Mittel ist, die Hilfe und den Dienst vieler zu erlangen.«[98]

Wenn Sie den Ruf der Mächtigen anstreben, sollten Sie sich genau so behandeln, wie Sie von anderen behandelt werden möchten: respektvoll. Setzen Sie, auch wenn Sie mit sich allein sind, keine Grübelmiene auf, sondern einen wachen, offenen Blick. Wie Sie sich gegenüber sich selbst geben, zeigt, wie Sie sich einschätzen: als Magd, die anderen hinterherwischt – oder als Königin, vor der man sich verneigt. Wenn Sie das Zepter in die Hand nehmen wollen, hören Sie auf, sich mit haltlosen Beschuldigungen und Selbstzerfleischung zu erniedrigen. Sie verlieren sonst Ihre Glaubwürdigkeit. Denken Sie nicht an Ihre Fehler. Denken Sie an Ihre attraktivste Eigenschaft: Nein, nicht Ihr atemberaubendes Lächeln – Ihre Würde natürlich! Das Bewusstsein von Ihrer Würde als Geist-begabter Frau sollte Ihnen den ultimativen Grund liefern, sich ab sofort mit Logik und Dialektik zu befassen: *weil Sie sich damit am besten gegen verbale Respektlosigkeiten wehren können*. Sorgen Sie dafür, Ihrem Ruf als würdevoller Person gerecht zu werden. Wenn Sie aus Angst vor Ablehnung oder Liebesentzug zu oft Ja sagen, machen Sie sich klar, dass man Ihnen Ihre Jas auf Dauer sowieso nicht abkauft. Wenn Sie nicht überzeugt Nein sagen können, können Sie auch nicht überzeugend Ja sagen – da man jedes Mal, wenn Sie Ja sagen, damit rechnen muss, dass es sich bei diesem Ja um ein als Ja verkleidetes Nein handelt. Logisch?! Wenn Sie lernen wollen, Nein zu sagen, brauchen Sie Gründe, aber diese Gründe zeigen sich erst, wenn Sie auf Ihrer Denkbaustelle Ordnung schaffen und sauber zwischen Meinungen und Argumenten trennen. Das geht am besten schriftlich. Legen Sie sich ein hochwertiges Notizbuch zu, das dem Wert Ihres Unternehmens entspricht. Tragen Sie dieses Buch stets mit sich und schreiben Sie jeden möglichen Grund zum Neinsagen sofort auf, damit Sie ihn *für sich* präsent haben, bevor Sie in Aktion treten. Wenn Sie schon ahnen, dass Herr Hirsch eine unmögliche Deadline für das nächste Projekt setzen wird, könnten Sie notieren: »Nein, Herr Hirsch, ich akzeptiere diese Deadline nicht, weil ich mich 1.) in diesem unterbezahlten Job nicht verausgaben will und 2.) genug habe von Ihrer manipulatorischen Art.« Achtung: Das ist nicht der Text, den Sie *sagen,* sondern der, den Sie *denken* sollten. Betrachten Sie Ihre Notizen als mentales Entrümpelungsprogramm, das Ihre Lust an logisch-dialektischen Kunstgriffen weckt und Sie auf den Ernstfall vorbereitet. Je mehr Sie notieren, desto mehr gewinnen Sie an *sprezzatura* – wie der Schriftsteller Baldassare Castiglione (1478–1529) die Fähigkeit nannte, das Anstrengende leicht und lässig aussehen zu lassen.[99]

Schritt 1. Prüfen Sie Ihr *Image:* Wie werden Sie von anderen gesehen und wie möchten Sie gern gesehen werden? Machen Sie eine kleine Umfrage im Freundeskreis. Fordern Sie ehrliche Antworten – und gleichen Sie diese mit Ihrer Selbsteinschätzung ab. Wenn Sie ein Mann wären, sähe Ihr Selbstbild in etwa so aus: »Ich bin groß und athletisch und ein Meister in allem.« Da Sie aber vermutlich eine Frau sind, werden Sie eher feststellen: »Also, bis auf … und …

sehe ich ganz okay aus, aber …« Schon klar. Sie versuchen, die Wahrheit zu sagen und nichts als die Wahrheit, so wahr Ihnen Gott helfe. Ihre Wahrhaftigkeit ehrt Sie, taugt aber nicht dazu, Sie ins rechte Licht zu rücken. Formulieren Sie (am besten in Ihrem Notizbuch) kurz und knapp ein neues Selbstbild, das Ihrer Würde entspricht: »Ich bin großartig in …, weil …« Punkt. Definieren Sie sich über Ihre geistig-seelischen Eigenschaften, nicht über Ihr Äußeres. Denken Sie an Kant: Sie sind ein »vernunftbegabtes Tier«, kein schmückendes Beiwerk.

Schritt 2. Wenn Sie von einer Autoritätsperson – zum Beispiel Ihrer Mutter, die Sie sehr bei der Kinderbetreuung unterstützt – kritisiert werden, bekennen Sie sich nicht gleich schuldig. Die Kritik an Ihren Kompetenzen ist nicht immer objektiv; oft ist sie Teil eines Machtspiels, bei dem Sie dazu gebracht werden sollen, irgendwelchen unangemessenen Forderungen nachzukommen (zum Beispiel, der Mutter recht zu geben). Sagen Sie nicht reflexartig »Ja, stimmt«, wenn man Ihnen etwas vorwirft (es sei denn, Ihnen gefällt die Rolle der Pawlow'schen Hündin). Prüfen Sie zunächst die Rechtmäßigkeit der Kritik. Sollte sie sich als grundlos herausstellen, weisen Sie sie ruhig und sachlich zurück, indem Sie begründen, warum sie nicht greift. Treffen tatsächlich ein, zwei Punkte zu, geben Sie dem/der Kritiker(in) recht – aber sorgen Sie dafür, dass Sie am meisten recht behalten. Gegenüber Ihrer Mutter könnten Sie argumentieren: »Ich gebe zu, dass die Kinder letzte Woche an zwei Abenden Pizza gegessen haben. Dafür waren sie an drei Tagen je zwei Stunden an der frischen Luft und haben Basketball gespielt. Bewegung an der frischen Luft bringt den Stoffwechsel in Gang und stärkt das kindliche Wohlbefinden. Folglich fallen die beiden ungesunden Mahlzeiten kaum ins Gewicht.« Punkt.

Schritt 3. Glauben Sie an sich selbst, aber glauben Sie nicht alles, was man Ihnen erzählt. Auch nicht, wenn es von der besten Freundin kommt. Prüfen Sie sämtliche Aussagen, mit denen Sie im Alltag konfrontiert werden, auf ihren logischen Gehalt und ihre Wahrscheinlichkeit. Achten Sie darauf, wie glaubwürdig die Quelle ist. Wenn Sie etwas nicht verstehen, fragen Sie nach. Wenn Sie dann immer noch den Eindruck haben, von dichtem Nebel umgeben zu sein, vertrauen Sie einfach Ihrem Bauchgefühl. So wie Sie im Alter von zwei, drei Jahren sicher waren: Wenn es aussieht wie eine Ente, geht wie eine Ente und Geräusche macht wie eine Ente, *ist* es eine Ente – so können Sie auch jetzt sicher sein: Wenn es sich anhört wie Ideologie, *ist* es Ideologie.

Schritt 4. Gewöhnen Sie sich grundsätzlich an, (zunächst) alles infrage zu stellen und zu bezweifeln. Seien Sie nicht durchgehend lieb, sondern auch skeptisch. Wer einmal recht gehabt hat, muss nicht immer recht haben. Wer nie recht hat, sollte auch nie recht kriegen. Nehmen Sie sich die jüdisch-ungarische Philosophin Ágnes Heller (*1929) zum Vorbild, eine der wichtigsten Philosophinnen unserer Zeit, eine leidenschaftliche Kritikerin von Ideologien und falschen Autoritäten aller Art. Ágnes' Vater wird nach Auschwitz deportiert und ermordet, sie selbst und ihre Mutter entkommen nur knapp dem Tod. Nach dem Krieg studiert Ágnes Philosophie in Budapest, wo sie begeistert die Vorlesungen des Neomarxisten Georg Lukács verfolgt. Sie sagt Ja zur kommunistischen Partei, überzeugt, hier nach der Hölle des Nationalsozialismus eine gute, glaubwürdige Gemeinschaft zu finden. Doch bald erkennt sie, mit was für einer Partei sie es zu tun hat: eine, die freies Denken unterdrückt, die im Gulag für den Tod von Tausenden Menschen verantwortlich war. Ágnes zieht die Konsequenzen. Sie sagt entschieden Nein – und erleidet als Mitglied der »Budapester Schule« um Lukács jahrzehntelange Repressionen durch das kommunistische Regime. 1977 emigriert sie nach Australien, später geht sie als Hochschulprofessorin nach New York. Bis heute tourt sie mit Vorträgen durch die ganze Welt. Dabei lässt sie keine Gelegenheit aus, die ungarische Regierung Viktor Orbáns zu kritisieren, Nein zu sagen zu den von dieser verursachten Missständen. Für Ágnes Heller ist Neinsagen kein Hobby, sondern politisch-philosophische Notwendigkeit. Sie weiß, dass sie gute Gründe dafür hat. Und sie artikuliert diese klar und deutlich. »Solange ich lebe, habe ich gegen Unterdrückung protestiert, egal, ob sie von einem Mann, einer Frau oder einer Partei ausging«, erklärte die Philosophin dem *Süddeutsche Zeitung Magazin*.[100]

Machen Sie es wie Ágnes. Lassen Sie sich nichts gefallen – und stehen Sie zu Ihrer Entscheidung. Sagen Sie Nein zu jeglicher Form von totalitärem System, auch wenn es sich dabei nicht um einen Staat, sondern vielleicht nur um die Firma oder die Abteilung handelt, in der Sie arbeiten. Wenn Sie von diesem System unterdrückt werden, verlassen Sie es so bald wie möglich. Mit Fanatikern und Verbrechern können Sie nicht reden. Argumentieren können Sie nur mit Leuten, mit denen Sie eine gemeinsame Argumentationsbasis haben und die bereit sind, Ihrem Nein Gehör zu schenken. Ist es dagegen eine eher harmlose Einzelperson, die Ihnen das Leben schwer macht, treten Sie sie umgehend in die dialektische Tonne. So wie die junge Ágnes, als ein Schulkamerad sie ärgerte: »Wie gescheit du doch bist, obwohl du ein Mädchen bist«, und sie mit einem *Analogieargument* konterte: »Das ist so, als würdest du sagen: Wie gut du doch Fahrrad fahren kannst, obwohl du ein Affe ist.«[101]

Schritt 5. Lassen Sie sich von persönlichen Angriffen nicht beeindrucken, auch nicht, wenn sie regelmäßig von Ihrem Chef/Ihrer Chefin kommen. Sehen Sie solche Angriffe lieber als willkommene Gelegenheit, Ihre Hirnmuskeln, Ihre Artikulationsfähigkeit und Ihre schauspielerischen Gaben zu trainieren.

MERKE: Die ganze Welt ist eine Bühne. Sätze, die wir an andere richten, sind Sprech*akte* (→ Kap. 5)!

Bleiben Sie cool. Leute, die es nötig haben, Ihre Glaubwürdigkeit oder Integrität grundlos anzugreifen, sind in der Regel erbärmliche Kreaturen, die (unbewusst) mehr Angst vor Ihnen haben als umgekehrt. Hören Sie sich an, was die betreffende Person gegen Sie vorzubringen hat. Dauert die Attacke länger als zwei Sekunden und mündet sie in eine argumentativ uninteressante Schimpftirade, schalten Sie auf Durchzug. Achten Sie auf eine gerade Körperhaltung. Wenn der Wortschwall anhält, zupfen Sie wahlweise Ihr Kostüm zurecht, betrachten Sie Ihre Fingernägel oder denken Sie an Ihren nächsten Strandurlaub. Hat die Gegenseite ausgeredet, schweigen Sie ein paar Sekunden und räuspern Sie sich effektvoll. Nehmen Sie das Ruder in die Hand. Bringen Sie die Interaktion auf die Sachebene zurück, indem Sie höflich fragen: »Herr X/Frau Y, Ihr Einwand zeigt mir, dass Sie mein Konzept/Projekt eher skeptisch sehen. Worin genau liegen Ihre Bedenken?« Oder Sie sagen: »Wissen Sie, ich möchte Ihre Auslassungen nur ungern kommentieren, weil ich doch mehr an einer sachlichen Auseinandersetzung interessiert bin. Habe ich Sie richtig verstanden, dass ...?« Oder Sie ziehen die Augenbrauen bis zum Haaransatz hoch und spielen die Erstaunte: »Oh? Ich verstehe nicht, was Sie meinen, tatsächlich ist es doch genau umgekehrt: *Sie* haben *mir* alles zu verdanken. 1.), weil ... 2.), weil ... und 3.), weil ...«

Egal, für welche Variante Sie sich entscheiden, solange Sie mit ein wenig *sprezzatura* reagieren, haben Sie schon gewonnen. Das glauben Sie nicht? Sie haben Angst, dass man Sie wegen Ihrer unverschämten Lässigkeit feuern wird? Möglich. Na und? In einem Umfeld, in dem persönliche Angriffe an der Tagesordnung sind, können Sie Ihre legitime Macht sowieso nicht entfalten.

Schritt 6. Lassen Sie sich nie wieder manipulieren. Lesen Sie Schopenhauers *Aphorismen zur Lebensweisheit*[102], schreiben Sie fleißig in Ihr Notizbuch und seien Sie gemein. Benennen Sie die Pseudologik Ihres Gegenübers und zeigen Sie ihm/ihr, was Sie auf dem Kasten haben: »Also, Ihr *tu quoque*-Argument greift leider nicht ...« – »Was du mit diesem *Induktionsschluss* bezweckst, ist mir schleierhaft ...« – »Ah, ein *Pseudodilemma*! ...« Nach und nach werden Sie Ihre Lust an der Logik entdecken. Sie werden vergessen, dass Sie je unfähig waren, Nein zu sagen.

7 Das Harmonie-Projekt

Glück ist, einen Job zu haben, der Spaß macht, Anerkennung beschert und reelle Aufstiegsmöglichkeiten bietet. Zum Glück gehört Geld. Und ein Partner. Ein *guter* Mann, auf den man sich verlassen kann, der sensibel ist und gut verdient (und gut aussieht). Hat man so einen gefunden, ist das Glück aber natürlich noch nicht perfekt. Zum perfekten Glück gehört schon noch ein bisschen mehr. Kinder (idealerweise zwei). Kinderbetreuung. Freunde. Fernreisen. Ein eigenes Häuschen mit Garten (oder wenigstens eine Eigentumswohnung). Die moderne Frau weiß, wie das perfekte Glück auszusehen hat. Sie weiß aber auch, dass es ziemlich harte Arbeit ist, zu diesem Glück zu gelangen, und, hat man es endlich erreicht, auch glücklich zu *bleiben*. Die Frau von heute möchte gemocht werden, sich geliebt und geborgen fühlen. Und frei! Warum nur ist es so schwer, alles unter einen Hut zu bringen? Stress, Erschöpfung, Unzufriedenheit, Angst: Muss das Glück einen derart hohen Preis haben?

Der Glücksbegriff moderner Frauen ist wie der aller modernen Menschen rein pragmatisch: Man hält sich für glücklich, wenn man erreicht hat, was man sich zum Ziel gesetzt hat. Der Zusammenhang zwischen Glück, Zweckdenken und Selbstbestimmtheit geht auf das Zeitalter der

Aufklärung zurück. 1776 bestimmte die amerikanische Un-
abhängigkeitserklärung das Streben nach Glück *(the pur-
suit of happiness)* als ein Grundrecht, das für jeden Menschen ganz individuell gilt. Jeder Mensch, heißt es dort, ist
frei, die Ziele und Mittel seines Handelns selbst festzulegen
und seiner eigenen Glücksvorstellung zu folgen. Das klang
vielversprechend. Bald aber zeigte sich, dass die Realisie-
rung individueller Ziele zwangsläufig Reibungen mit sich
bringt, die Durchsetzung zweckorientierten Glücks nicht
ohne Machtkämpfe abgeht und die Fixierung auf den
Zweck allein (Haus! Auto! Boot!) nur unglücklich macht.
Es musste etwas geschehen. Die männlich besetzte kämpfe-
rische Glücksorientierung verlangte nach einem idyllischen
Gegengewicht: dem Alternativprogramm eines weiblichen
Glücks, das man in der Sphäre von Privatheit, Familie, Ge-
selligkeit, Nestwärme ansiedelte. Es wurde Aufgabe der
Frau, die Schwierigkeiten freiheitlichen Glücksstrebens ab-
zumildern. Je mehr die männliche Sphäre Modernität und
Rationalität für sich beanspruchte, desto mehr reduzierte
man die weibliche auf Frömmigkeit, Fürsorglichkeit, Abhängigkeit. Werte und Normen, die paradoxerweise genau
der traditionellen Gesellschaft entstammten, gegen die die
Aufklärung mit ihren Ideen der Innovation, Fortschrittlich-
keit, Vernunft und »Weltbürgerschaft« (Kant) angetreten
war. Am Ende stand die Freiheit nicht mehr allen Menschen,
sondern nur noch allen Männern zu. »Der Mann hat«, for-
mulierte Hegel 1821 in seiner *Philosophie des Rechts*,
»[...] sein wirkliches substantielles Leben im Staate, der
Wissenschaft und dergleichen, und sonst im Kampfe und
der Arbeit mit der Außenwelt und mit sich selbst, so dass er
nur aus seiner Entzweiung die selbstständige Einigkeit mit
sich erkämpft, deren ruhige Anschauung [...] er in der Familie hat, in welcher die Frau ihre substantielle Bestimmung

und in dieser Pietät ihre sittliche Gesinnung hat.«[103] Goethe schrieb weniger umständlich in seinem Schauspiel *Torquato Tasso:* »Nach Freiheit strebt der Mann, das Weib nach Sitte.«[104]

Inzwischen ist einiges geschehen. Heute ist es auch Frauen erlaubt, ihr »wirklich substantielles Leben im Staate, der Wissenschaft und dergleichen« zu finden. Mehr noch: Wir dürfen unser Glück in beiden Sphären suchen. Wir sind ganz offiziell autorisiert, in beide Richtungen zu expandieren: hammerhart zu verhandeln *und* unserem Partner ein kuscheliges Heim zu bieten, tolle Gewinne zu erwirtschaften *und* unser Baby in den Schlaf zu wiegen. Prima! Die Sache hat nur einen Haken. Freiheit verträgt sich nicht mit Abhängigkeit. So wenig wie Kampfgeist mit Geborgenheit. Oder Machthunger mit Nettsein. Ein erschütterndes Dilemma, das gerne totgeschwiegen wird. Weil es unlösbar scheint. Und weil es lächerlich scheint, sich im 3. Jahrtausend nach Christus mit nur einer Seite (der weiblichen) zufriedenzugeben. Den ganzen Tag am Herd stehen und Muffins backen? Undenkbar! Aus finanziellen Gründen, aber auch aus Gründen der Selbstbestimmung. Wenn uns das Etikett »glückliche Frau« zu Recht anhaften soll, können wir nicht nur, wir *müssen* in beiden Sphären durchstarten.[105] Die individuelle Vorstellung von Glück ist einer kollektiven Glücksvorgabe gewichen. Wir streben nicht vereinzelt, sondern in Scharen zum perfekten Zwei-Sphären-Glück hin. Doch dieses ist, wie wir kaum zuzugeben wagen, ein Mythos.[106] Ein Märchen. Ein Marketing-Gag.

Warum trägt die moderne Frau einen Maulkorb? Warum sagt sie zu oft Ja? Und zu selten ihre Meinung? Nicht weil sie es nicht könnte, sondern weil ihr Leben schon anstrengend genug ist. Zu anstrengend, um sich auch noch mit dem weiblichen Glückskonflikt zu befassen. Die Frau mit Maulkorb hat keine Zeit für Metaprobleme. Sie muss sich ja um ihr Harmonie-Projekt kümmern. »Glück ist, wenn alle glücklich sind und alle einander mögen!«, lautet die Vorgabe. Das Harmonie-Projekt verspricht das Ende *aller* Konflikte, ist allerdings ziemlich aufwendig. Es setzt sich aus den Modulen Wut-Unterdrücken, Lächeln, Zuhören, Nicken, Bedienen, Bescheidensein und Unentschiedensein zusammen und ist per definitionem unabschließbar.

Wir schreiben das Jahr 2015. Während die moderne Frau großflächig Harmonie verbreitet, erklärt Hillary Clinton in einem Wahlwerbespot: »Ich kandidiere als Präsidentin. Amerikaner brauchen jeden Tag einen Champion, und ich will dieser Champion sein.«[107] Die moderne Frau ist drauf und dran, ergriffen zu sein, bis sie in der *Zeit* liest, wie ein Werbeprofi Hillarys Auftritt kommentiert: »Sie muss weg vom Ego-Image. Da ist es klug, vom ersten Tag als die bescheidene Frau aufzutreten, die zuhört.«[108]

Bitte bescheiden sein, zuhören und immer schön lächeln!

Die Frau mit Maulkorb möchte wie Hillary nicht nur die weibliche, sondern auch die männliche Sphäre besetzen. Weil sie es darf, weil sie es muss. Aber sie will auf keinen Fall, dass man sie kritisiert, erst recht nicht wegen ihres Egos. Sie möchte keine Konflikte aushalten müssen – weder innere noch äußere –, sondern gemocht werden. Zu diesem Zweck scheint es ihr geboten, niemals anzuecken und unzulässige Grenzüberschreitungen wie selbstverständlich zu tolerieren. Was passieren kann, wenn eine Frau das Harmonie-Projekt allzu ernst nimmt, hat die amerikanische Schriftstellerin Patricia Highsmith in ihrem Psychothriller

Ediths Tagebuch[109] eindrucksvoll geschildert. Edith Howland, Journalistin und Mittelstandsamerikanerin, sucht das Glück. Sie zieht mit ihrem Mann, Sohn Cliffie und ihrer Katze in ein ländlich gelegenes Haus in Pennsylvania. Alles ist wunderbar, bis Ediths Mann sie für eine Jüngere verlässt und nach New York zieht. Edith rebelliert nicht. Sie hört zu, nickt und lächelt. Das Geld wird knapp, sie übernimmt einen Halbtagsjob als Verkäuferin. Die Jahre vergehen. Cliffie wird erwachsen, wohnt weiter in seinem Kinderzimmer und entwickelt sich zum Alkoholiker. Edith bedient ihn von vorn bis hinten. Ihr Exmann mutet ihr die Pflege seines bettlägerigen Onkels George zu. Edith bedient auch ihn. Sie unterdrückt ihre Wut und wechselt Georges uringetränkte Laken. Sie sieht zu, wie ihr Sohn Georges Codein-Tropfen leert, und hält sich bescheiden im Hintergrund. Je mehr ihr Harmonie-Projekt misslingt, desto leidenschaftlicher flüchtet sie sich ins Tagebuchschreiben. Seite für Seite erschafft sie sich eine ganz andere Biografie. Ein glückliches Leben, in dem ihr Sohn Karriere macht, heiratet und ihr zwei tolle Enkelkinder schenkt! Eine Existenz, in der sie gemocht, respektiert, anerkannt wird! Je mehr sie schreibt, desto schwerer fällt es ihr, sich in der Wirklichkeit zurechtzufinden; bis sie schließlich ganz den Verstand verliert …

Für das reale Leben gilt: Nicht alle Maulkorb tragenden Frauen werden wahnsinnig, aber alle riskieren, ihr Glück zu verpassen. Jede Frau, die um der Harmonie willen dauerhaft darauf verzichtet, den Mund aufzumachen, zu schreien, zu wüten, Grenzen zu setzen, nimmt die größte Machtlosigkeit überhaupt in Kauf. Moment. Schreien? Wüten? Wozu? Wütende Frauen haben ein schlechtes Image. Man nennt sie Megären, Furien, Zicken, Beißzangen, Hysterikerinnen, Besen, Drachen, Giftspritzen. Harmoniebewusste Frauen hingegen werden gemocht. Wer bescheiden ist, zuhört und lächelt, muss kein Schaf sein (er oder vielmehr: *sie* könnte sogar ein Präsidentenamt anstreben!). Zeugt es nicht von Souveränität, wenn eine Frau ihre Gefühle unter Kontrolle hat?

So kann man es sehen. Die »Ethik der Selbstkontrolle« ist, wie die israelische Soziologin Eva Illouz in ihrem Buch *Die Errettung der modernen Seele*[110] schreibt, allerdings kein reines Frauenthema, sondern ein zentrales Motiv des gesamten westlichen Zivilisationsprozesses. Das Ideal emotionaler Kontrolliertheit, das Tugendhaftigkeit, Fortschritt, Erfolg garantieren soll, findet sich laut Illouz schon in Platons Kategorie der Mäßigung[111], in Augustinus' *Bekenntnissen*[112] oder in Max Webers Thesen zum gesellschaftlichen und ökonomischen Wert der Rationalisierung[113]. Heute, in der durchpsychologisierten Gesellschaft, wo der therapeutische Ratgeberdiskurs sämtliche Lebensbereiche penetriert und so gut wie jedes Verhalten pathologisiert, ist emotionale Selbstdisziplinierung Pflicht. Ein Muss für alle, die ihre berufliche, familiäre und amouröse Wettbewerbsfähigkeit unter Beweis stellen wollen. Im Alltag ist, wie Illouz zeigt, Webers Machtdefinition als »Möglichkeit, den eigenen Willen dem Verhalten anderer aufzuzwingen« (→ Kap. 1) dem Ideal der sozialen Kompetenz gewichen, »weil man ›wirkliche Macht‹ aus Sicht der Psychologen gerade dadurch gewinnt, dass man sich nicht in Machtkämpfe verstrickt und seine Gefühle im Zaum hält«: »Wütend, eifersüchtig oder offensichtlich verletzt zu werden heißt […], dass man kein Selbstvertrauen und daher keine wirkliche soziale Macht hat. Die Psychologen haben also – und zwar mit Erfolg, wie ich glaube – Macht radikal neu definiert und zu einer emotionalen Größe gemacht: dem Vermögen, seine am stärksten ›limbischen‹ Emotionen unter Kontrolle zu halten.«[114]

Wütende Menschen gelten als emotional unreif oder persönlichkeitsgestört, jedenfalls aber therapiebedürftig. Wer schreit, schwitzt und rot anläuft, wird krankgeschrieben. In der klinischen Sprache heißt Wut »Aggression« oder »Impulsivität«.[115] Beides Symptome, die es durch Selbstreflexivität auszumerzen gilt – erst recht, wenn man als moderne Frau durchgehen will. Frau und Wut, das passt einfach nicht zusammen. Eine Frau hat sich entsprechend ihrer Anlagen zu verhalten, sich empathisch und sozialkompetent zu geben. Sie hat sich ein durchtherapiertes, durchgecoachtes, hochprofessionelles »reflexives Selbst« (Illouz) zuzulegen, um sich bei allem, was sie denkt, fühlt und sagt, beobachten, überwachen, kontrollieren, disziplinieren zu können. Psychologen, Berater und Coaches werden nicht müde, der modernen Frau einzutrichtern: dass sie ihre Wut verpuffen lassen soll. Und was macht die Frau mit Maulkorb? Sie macht weiter wie bisher. Sie tut das, was sie am besten kann. Zähne zusammenbeißen. Arbeiten. Still sein. Zuhören. Lächeln. Durchhalten. Harmonie verbreiten.

Hulk vs. Shopping Queen

Ein wütender Mann ist furchterregend, eine wütende Frau lächerlich. Der Grund ist die körperliche Überlegenheit des Mannes. Ein wütender Mann mag krank sein, er ist jedenfalls eindrucksvoll. Denken wir an Hulk! Jenen Nuklearphysiker, der einer Überdosis elektromagnetischer Strahlen ausgesetzt wurde und sich dann bei jedem Anflug von Wut in ein überdimensionales grünes Monster verwandelt, das alles, was im Weg steht, kurz und klein schlägt. Hulk, die Comicfigur aus den 1960er-Jahren, steht für eine Form von Machtdemonstration, die heute mit Therapie nicht unter zehn Jahren bestraft wird: unberechenbare, durch Gewalt manifestierte Wut. Der moderne Mann, der sich in seiner beruflichen und familiären Führungsrolle professionell behaupten will, muss seine Hulk'schen Triebe tunlichst unterdrücken und ohne die emotionale Zurschaustellung seiner Potenz auskommen. Will er seinen Status, seine Ehre verteidigen, muss er sich zusammenreißen und seine rohen Impulse zügeln. Reden statt Rasen, lautet sein therapeutisch indiziertes Motto. Es ist das gleiche, das auch der modernen Frau nahegelegt wird. Trotzdem ist der moderne Mann »wutmäßig« klar im Vorteil: Aufgrund seines kräftigeren Körperbaus und seiner großformatigeren Muskellandschaft *könnte* er zumindest jederzeit zuschlagen. Wenn man ihn reizt, *könnte* er jederzeit losbrüllen, die Fäuste ballen, die Hautfarbe wechseln und um ein Vielfaches seiner Größe anwachsen. Dieses Vermögen ist der modernen Frau bis auf Weiteres versagt. Ihre Physis ist einfach zu mickrig, als dass man ihr eine Hulk'sche Metamorphose zutrauen würde. Um ihrer Wut Herrin zu werden, bietet sich ihr eine rollengerechtere Verwandlungsoption: das Umstylen. Wie schön! Beautymagazine, Modeblogs und TV-Shows – von *Germany's Next Topmodel* bis *Shopping Queen* – helfen ihr bei der Zusammenstellung eines bezaubernden Looks, für den sie gemocht wird. Derart beglückt, sollte sie die in ihr brodelnde Wut endgültig ad acta legen können. Oder nicht? Umstylen ist ein »Ritual der Gesundheit, der Hingabe und der sozialen Konformität«, schreibt die britische Journalistin und Bloggerin Laurie Penny.[116] Es besänftigt – wie die Ratgeberliteratur –, beseitigt aber natürlich nicht die (letzte) Ursache der Wut: den weiblichen Grundkonflikt. Der Ausweg aus dem Dilemma von Freiheit und Abhängigkeit, Erfolg und Gemochtwerden, Macht und Ohnmacht besteht weder im Haarekürzen noch darin, Harmoniesoße über den eigenen Unmut zu gießen. Der einzige Ausweg ist *Wut*. Aber wie, wann und wo wird man *richtig* wütend?

Zum Thema Wut-Management gibt es eine ganze Reihe prominenter philosophischer Abhandlungen. Aristoteles kann der Wut zumindest teilweise etwas abgewinnen. Er sieht in ihr eine Reaktion auf eine zu Unrecht erlittene Kränkung, die den Wunsch nach Vergeltung hervorruft, aber auch Tapferkeit und Mut begünstigt. Allerdings hält er sie für nur bedingt vernünftig: »Der Zorn[117] scheint nämlich in etwa ein Ohr für die Vernunft zu haben«, schreibt er in der *Nikomachischen Ethik,* »nur dass er nicht richtig hört, gleich einem Diener, der, ohne seinen Herrn ganz ausreden zu lassen, hinausläuft und dann den Befehl verkehrt ausführt.«[118] Auch Seneca (ca. 4 v. Chr.–65 n. Chr.) stört das Uneinsichtige, Unkontrollierte, Verrückte an der Wut. Er kann sich Wut – wenn überhaupt – nur in gemäßigter Form vorstellen. In seiner Schrift *Über den Zorn*[119] gibt er zahlreiche therapeutische Ratschläge, die sich in den aktuellen Expertendiskurs nahtlos einfügen lassen: Bloß nicht reagieren, keine Racheakte. Gut sein lassen. Abwarten. *Sich beherrschen!* »Finde dich in deinem Innern damit ab, dass du vieles hinnehmen musst!«, mahnt Seneca – als wolle er die moderne Frau darin bestätigen, nur ruhig weiter an ihrem Harmonie-Projekt zu basteln. Anders der humanistische Philosoph Michel de Montaigne (1533–1592). Zwar rät auch er zu einem sparsamen Umgang mit Wutausbrüchen, gibt aber zu bedenken, dass innerlich schwelende Wut verheerend sein kann: »*Am gefährlichsten werden (Laster), wenn sie sich unter dem Mantel der seelischen Gesundheit verstecken.*«[120]

Wut ist ein Affekt, den man äußerlich leicht erkennen kann – das heftige Atmen, die zitternden Lippen! –, der in gefährlicher Weise ansteckend ist und deshalb durch gesell-

schaftliche Normen in Schach gehalten werden muss. Wut
ist aber auch ein Gefühl, das untrennbar verbunden ist mit
Wahrnehmen und Denken. Mehr noch, die Wut selbst
»denkt« in gewisser Weise. Sie hat nämlich, wie die zeit-
genössische deutsche Philosophin Sabine Döring schreibt,
einen »evaluativ-repräsentationalen Inhalt«.[121] Das heißt:
Die Wut ist keine bloße Reaktion, sie wütet nicht einfach so
vor sich hin, sie bewertet auch das Objekt, an dem sie sich
stößt (»Dieser Mensch ist unfair, gemein, unverschämt!«).
Sie ist schlau – schlauer jedenfalls als der unter allen Umständen selbstkontrollierte Mensch –, denn sie zeigt an, dass
eine persönliche Grenze überschritten, der oder die Wütende verletzt, gedemütigt, ungerecht behandelt wurde. Die
Wut mag nicht jedes Ereignis korrekt beurteilen, sie ist aber
jedenfalls eine wichtige Orientierungshilfe im Dschungel
menschlicher Beziehungen. Sie beschert uns lauter wertvolle
Einsichten; genau die, die uns die Harmoniesucht versagt:
etwa die Erkenntnis, dass jedem Menschen ein (Frei-)Raum
zusteht, ein Machtbereich, den es zu verteidigen und auszuweiten gilt.

Wut ist gut. Immer dann, wenn sie berechtigt ist. Wenn wir
losbrüllen und uns in Rage schreien, müssen wir keine Furien sein. Wir können allen Grund dazu haben. Weil Glücklichsein so ungeheuer anstrengend ist. Weil es unmöglich
scheint, die weibliche und die männliche Sphäre zu versöh-
nen. Weil man uns nicht wüten lässt … Ganz klar, es geht
uns gut. Ziemlich gut sogar. Wir können tun und lassen,
was wir wollen. Wir dürfen *wie* die Männer für unser Glück
kämpfen. Das Problem ist nur: Sobald wir die uns ange-
stammte Sphäre verlassen, klafft auf der weiblichen Seite
eine Lücke. Noch strömen die modernen Männer nicht mas-
senweise herbei, um uns zu liebkosen und uns »den Rücken

frei zu halten«, wenn wir wie sie unserem Freiheitsdrang folgen.[122] Vielleicht ist es in zehn Jahren so weit. Vielleicht auch nie. Na und? Wie wir seit Jahrhunderten wissen, steckt in jedem weiblichen Kopf ein Gehirn, das dem männlichen mindestens ebenbürtig ist. Wir *können* es einschalten – und erleichtert feststellen: Niemand zwingt uns, das perfekte Glück anzustreben! Wir können darauf verzichten, einem Mythos hinterherzuhecheln. Wir müssen uns nicht systematisch in die Ohnmacht (→ Kap. 1) treiben. Wir können uns aus dem Würgegriff der emotionalen Selbstkontrolle befreien; einer »Ethik« (Illouz), die uns vormacht, Macht sei, sich zu beherrschen und den Mund zu halten. Wir haben die Wahl, ob wir unser Harmonie-Projekt weiterverfolgen wollen oder ein neues anpacken: das Wut-Projekt.

Philosophisches Machtmittel Nr. 7: Richtig wütend werden[123]

»Wer Aktionsmacht ausübt, kann etwas tun, wogegen andere nicht gefeit sind«, definiert Popitz, »er hat die Macht, andere etwas erdulden zu lassen. Er kann den Kredit kündigen, das Haus anzünden, den anderen einsperren oder vertreiben, ihn [...] töten. Aktionsmacht ist Verletzungsmacht, der Aktionsmächtige der Verletzungsmächtige.«[124]

Für Popitz ist der aggressionsgetriebene »Aktionsmächtige« ganz klar ein »er«. Traut er »ihr« diese Macht etwa nicht zu? Möglich, dass der Soziologe dasselbe Rollenbild vor Augen hat, mit dem Sie sich auch identifizieren. Das ist jedoch noch lange kein Grund, sich auf Ihrer vermeintlichen Wut-Inkompetenz auszuruhen. Natürlich können Sie sich vor den Leuten, die Ihre Harmoniebemühungen ausnutzen, nicht einfach aufbauen, losbrüllen und erwarten, dass man sich vor Ihnen fürchtet (außer vielleicht, Sie heißen Regina Halmich). So wie Sie vermutlich gebaut sind, reicht Ihre Muskelkraft nicht aus, um Ihrer Wut körperlichen Ausdruck zu verleihen. Dafür können Sie auf andere Art aggressiv sein. »Aggression« kommt vom lateinischen Wort *aggredi,* das eine Sache »anpacken«, »anfangen«, »in Angriff nehmen« heißt. Wenn Sie bei Aggression nicht an ein pathologisches Übel, sondern an diese ursprüngliche Bedeutung denken, sollte es Ihnen leichter fallen, *richtig* aus der Haut zu fahren. Sie trauen sich nicht, die Grenzen Ihres Machtbereichs festzulegen, zu sichern, auszuweiten? Halten Sie sich einfach vor Augen, was passieren könnte, wenn Sie weitermachen wie bisher. Lesen Sie *Ediths Tagebuch* oder, wenn Ihnen Romane nicht so liegen, öfter mal die Tageszeitung. Wie Sie der Rubrik »Vermischtes« entnehmen können, sind es gerade die Sanften, Angepassten, auf Harmonie Bedachten, die aus scheinbar nichtigem Anlass zur Waffe greifen, weil ihnen das Dienen, Lächeln und Bescheidensein plötzlich zu viel geworden ist. So weit muss es mit Ihnen nicht kommen. Sie haben die Möglichkeit, vorzusorgen und Ihren chronifizierten Affektstau auf cleverere Weise loszuwerden. Indem Sie *jetzt* gleich Grenzen setzen und nicht erst in 1 000 Jahren. Achtung: Wenn Sie das Harmonie-Projekt tatsächlich aufgeben wollen, um im Spannungsfeld von Freiheit und Abhängigkeit Ihr Glück zu suchen, bleibt es Ihnen nicht erspart, noch einmal die Pubertät zu durchlaufen. Sie müssen dann ja erst (wieder) Ihren Platz in der Gesellschaft finden, eine weibliche Identität entwickeln, sich gegenüber Ihrer Peergroup wie Ihrer Herkunftsfamilie behaupten, Ihre eigenen Werte und Ziele definieren. Um sich für diesen Kampf zu rüsten, stellen Sie sich einfach vor, Sie wären 15: frustriert, veränderungsbereit, mutig, rebellisch. Wüten Sie los!

Schritt 1. Fragen Sie sich, warum Ihnen so viel daran liegt, dass man Sie mag. Wer ist »man«? Wie viele von den Leuten, die Sie lächelnd bedienen, mögen *Sie* eigentlich? Vielleicht haben Sie diese Fragen längst für sich beantwortet und sind zu dem Ergebnis gekommen, dass Gemochtwerden eben unabdingbar ist, wenn man als moderne Frau glücklich werden will. Frauen, die sich weigern, in aller Bescheidenheit Harmonie zu verbreiten, machen sich leicht unbeliebt, gelten gar als kalt, egoistisch, geldgetrieben. Allerdings: Es ist eine Sache, dem traditionellen weiblichen Geschlechterbild aus strategischen Gründen zu folgen – und eine ganz andere, sich unkritisch mit ihm zu identifizieren. Bis man gar nicht mehr anders kann, als immer lieb und nett zu sein. Was wollen Sie wirklich: gemocht – oder anerkannt werden? Wenn es Ihnen nur darum geht, gemocht zu werden, wird man Sie kaum respektieren. Die Liebe ist immer auch die Dumme, die Ohnmächtige. Beachten Sie stets die Symbolkraft weiblicher Stereotypen (→ Kap. 8). Hüten Sie sich davor, andere mit selbst gebackenen Keksen zu beglücken, besonders am Arbeitsplatz. Solange Sie Ihre Kollegen, Mitarbeiter oder Chefs füttern, steckt man Sie in die Schublade der Fürsorglichen. Wenn die Freude über Ihre Backkunst den Respekt vor Ihrem Verhandlungsgeschick überwiegt, kann sich dies zu Ihrem Nachteil auswirken. Wollen Sie gelobt – oder ernst genommen werden? Ziehen Sie Bilanz. Bedenken Sie, wie viel Sie in Ihr Harmonie-Projekt investiert haben und wie wenig dabei herausgesprungen ist (nicht für die anderen – für Sie selbst!). Lassen Sie nicht zu, dass Ihr Umfeld Sie unter Druck setzt. Wann immer jemand in Ihrer Gegenwart rot anläuft, das Kinn vorschiebt, die Brauen zusammenzieht und finstere Drohungen ausstößt, lassen Sie sich nicht beeindrucken. Geben Sie dieser Person nicht gleich, was sie verlangt. Werden Sie erst einmal selber wütend.

Schritt 2. Bilden Sie sich auf Ihre Kontrolliertheit bloß nichts ein. Lächeln Sie nicht immer, wenn Ihnen zum Heulen zumute ist. Und lernen Sie, mit Kritik umzugehen. Fühlen Sie sich nicht gleich schuldig, wenn jemand eine Ihrer zahllosen Leistungen bemängelt, fangen Sie bloß nicht an zu grübeln. Überlegen Sie, ob das Feedback berechtigt ist. Wenn ja, freuen Sie sich über eine ehrliche Meinung. Wenn nicht, machen Sie den Mund auf (→ Kap. 6 und 7). Lassen Sie nicht jede Provokation höflich über sich ergehen. Erlauben Sie sich dann und wann, Spannung abzulassen, laut, wild, unberechenbar zu werden, wie es sich für eine Pubertierende Ihres Alters gehört. Wenn Sie in einer Frauenzeitschrift auf Tipps zum Thema »So kriegen Sie Ihre Wut in den Griff, ohne jemandem wehzutun«[125] oder Ähnliches stoßen, blättern Sie bitte weiter – zu Montaigne. Er empfiehlt, »nicht bei jeder Kleinigkeit loszupoltern … – ein ständiges Aufbrausen wird zur Gewohnheit und von allen nur noch missachtet«, und »nicht ins Blaue hinein zu toben, sondern darauf zu sehen, dass die Zurechtweisung wirklich den trifft, den sie treffen soll«.[126] Noch Fragen?

Schritt 3. Lenken Sie Ihre Wut nach außen, nicht nach innen. Hüten Sie sich davor, Konflikten durch autoaggressives Verhalten aus dem Weg zu gehen. Stellen Sie Ihre »Aktionsmacht« (Popitz) in Konferenzen oder bei Familienfeiern unter Beweis – an Orten, wo die Macht, »andere etwas erdulden zu lassen«, am besten wirkt. Tun Sie sich *niemals* selbst Gewalt an. Fangen Sie mit dem Hungern, Fressen, Brechen und Ritzen gar nicht erst an. Solch masochistische Hobbys kann man durch Lächeln, Shoppen und Umstylen zwar eine Weile kaschieren. Nach und nach aber wird die Fassade bröckeln und das »wutschnaubende Wrack« (Laurie Penny) dahinter zum Vorschein kommen. Sie werden nicht mächtig, sondern therapiebedürftig werden. Verweigern Sie sich also diesem Unsinn. Der passive Widerstand ist etwas für Schafe, aber doch nichts für Sie. Konzentrieren Sie sich lieber darauf, Ihre Ziele sichtbar, fühlbar, hörbar zu artikulieren.

Schritt 4. Welche Ziele noch mal? Gegenfrage: Sie haben so viele Optionen und Ihnen fällt nichts ein? Kehren wir doch der Moderne für einen Moment den Rücken und begeben uns zurück ins Mittelalter, zu dem Lothringer Bauernmädchen Jeanne d'Arc (1412–1431), das es wagte, in den Hundertjährigen Krieg zwischen England und Frankreich einzugreifen. Jeanne ist das beste Beispiel, um zu zeigen, wozu Pubertierende fähig sind. Mit etwa 13 Jahren beginnt die Tochter reicher Landleute Stimmen zu hören: Gott und diverse Engel und Heilige ermutigen sie, dem französischen König zu Hilfe zu eilen. Mit 17 reitet Jeanne in Männerkleidung nach Chinon, wo sie von Kronprinz Karl VII. empfangen wird – und ihn von ihrer Mission überzeugt. Am 23. April 1429 rauscht sie in voller Ritterrüstung und mit Lilienbanner ins Lager der französischen Soldaten vor Orléans, das von den Engländern eingeschlossen ist: »Ich trug diese Fahne, wenn man zum Sturm gegen den Feind antrat, und vermied so, einen Menschen zu töten.«[127] Jeanne vertraut auf die Wirkung ihres Banners – und darauf, ernst genommen zu werden. Am Ende trägt sie nicht nur als Botschafterin der Hoffnung, sondern auch als Strategieberaterin zum Sieg der Franzosen über Orléans bei. Bei der Befreiung von Compiègne ist sie weniger erfolgreich. 1431 wird sie vor ein Inquisitionstribunal gestellt. 60 Geistliche werfen ihr ketzerisches Cross-Dressing vor, die Männerkleider und das kurze Haar. Jeanne wird als Abtrünnige verurteilt und auf dem Scheiterhaufen verbrannt.

1456 wird das Urteil revidiert. 1920 erklärt man sie zur französischen Nationalheiligen.

Jeanne d'Arc nahm vor langer Zeit in Angriff, was Sie nun auch anpacken sollten: Normen ignorieren (→ Kap. 9), Konventionen sprengen, Barrieren durchbrechen, eigene Grenzen festsetzen. Siegen statt klein beigeben. Lassen Sie sich von dem Feuer dieser 17-jährigen anstecken. Suchen Sie sich eine Aufgabe, für die es sich zu kämpfen lohnt: eine Mission, die nicht nur Ihnen selbst, sondern einer größeren Gemeinschaft zugutekommt – etwa der Gemeinschaft der Harmoniesüchtigen. Solidarisieren Sie sich. Finden Sie Gleichgesinnte, die wie Sie innerlich kochen. Sagen Sie dem perfekten Glück, dem Bedienen und Lächeln gemeinsam den Kampf an. Folgen Sie Ihrer Leidenschaft, nicht Ihren Bedenken. Fragen Sie sich nicht, ob Sie gemocht werden – tun Sie etwas, wofür man Sie (letztendlich) respektieren wird. Seien Sie »aggressiv«! Um effektiv Aktionsmacht auszuüben, müssen Sie niemanden töten. Aber Sie brauchen Verbündete.

Schritt 5. Sie sind vom Wert Ihres Kampfes noch nicht wirklich überzeugt? Vermutlich hat Ihnen Ihr Harmonie-Projekt die Sicht auf die wahren Prioritäten (→ Kap. 2) vernebelt. Kein Problem. Schieben Sie eine praktische Wut-Übung ein. Betrachten Sie zur Einstimmung ein brüllendes Baby. Lassen Sie sich von einem alten Hulk-Video[128] inspirieren oder dem Film *Die Teufelin,* in dem die Protagonistin Ruth Patchett (gespielt von Roseanne Barr) anschaulich vorführt, was eine wütende Frau alles vermag. Ziehen Sie dann die Brauen in Richtung Nasenwurzel fest zusammen und reißen Sie gleichzeitig die Augen auf. Pressen Sie die Lippen aufeinander. Ballen Sie Ihre Hände zu Fäusten. Öffnen Sie den Mund und schreien Sie so laut Sie können (mehr als ein Summen sollte es schon sein). Ihre Laune wird sich schlagartig bessern. Wiederholen Sie die Übung, bis sie Ihnen völlig normal erscheint, und versuchen Sie sie in Ihren Alltag zu integrieren. Je öfter Sie üben, desto besser können Sie der Maßlosigkeit Ihres Harmoniestrebens Einhalt gebieten.

Schritt 6. Holen Sie sich ein Glück, das glücklich macht. Differenzieren Sie zwischen Ihren Bedürfnissen und Sehnsüchten. Was wünschen Sie sich – und was davon brauchen Sie wirklich? Ist Ihr Leben verwirkt, wenn Sie in den nächsten drei Monaten keinen Job in genau *dieser* Firma ergattern, keinen Mann finden, nicht schwanger werden und nicht nach Dubai reisen können? Nicht alles ist machbar, was machbar scheint. Na und? Glücklichsein ist einfacher, als Sie denken. Wenn Sie wollen, können Sie überall Glück finden. Zum Beispiel in der Erkenntnis, dass Sie vier tadellos funktionierende Gliedmaßen besitzen.

MERKE: Immer sauber durchrelativieren!

Schritt 7. Legen Sie den Maulkorb ab und erobern Sie die Macht über Ihr Leben zurück.

Teil III

Das Schaf im Schafspelz:
FRAUEN OHNE SCHNURRBART

*»Ich habe unendliche Gegenwart und Schnelligkeit
des Geistes, um aufzufassen, zu antworten, zu behandeln.«*

RAHEL VARNHAGEN

8 Die Annahme, andere (vor allem Männer) seien kompetenter als man selbst

Die Realität des Kindes ist eine andere als die des Erwachsenen. In der Kinderwelt sind nicht nur Barbies und Spielzeuggewehre »wirklich«, sondern auch jene aus schrägen Wahrnehmungen zusammengesetzte Mikrokosmen voller Gangster und Prinzessinnen, zu denen keiner über 1,50 Meter Zutritt hat. Solange wir Kind sind, sind wir mit Leidenschaft *verrückt*. Wir halten uns für die Tollsten und glauben, das Leben halte noch viel Tolleres für uns bereit. Zum Beispiel das Erwachsensein, dem wir eine magische Aura, eine Art VIP-Status verleihen. Wir können es gar nicht erwarten, selbst groß zu werden, unseren eigenen Lippenstift oder unser eigenes Smartphone zu besitzen … Ist es dann endlich so weit, fühlen wir uns irgendwie betrogen. Wir finden heraus, dass die Realität der Erwachsenen weit weniger aufregend ist, als wir glaubten. Sie besteht einfach aus Menschen, die sich größte Mühe geben, *normal* zu wirken. Weibliche und männliche Menschen, Menschen mit und ohne Bartwuchs. Je mehr wir in diese Welt hineinwachsen, desto mehr durchschauen wir das Spiel: Ein Mann mit Schnurrbart ist normal, eine Frau mit Schnurrbart unnormal! Ein Mann, der sich gut findet, ist normal, eine Frau, die sich selbst lobt, spinnt! Wir beugen uns der für uns vorgesehenen

Normalität. Wir entfernen unsere Barthaare. Wir schlüpfen in einen Büstenhalter. Wir geben uns als Frauen zu erkennen.

Die moderne Frau, die beschließt, ohne Schnurrbart durchs Leben zu gehen, ist Profi im Frausein. Sie ackert für das Bruttosozialprodukt – und ist konstitutiv verunsichert. Ihre systematische Selbstunterschätzung (→ Kap. 4) führt dazu, dass sie in der Menge der Normalen immer irgendjemanden ausfindig macht, der sie an Kompetenz und Wissen übertrifft. Übertreffen *könnte*. Je weniger sie an ihre eigenen Fähigkeiten glaubt, desto mehr geht sie davon aus, die anderen hätten Weisheit und Kompetenz mit der Muttermilch aufgesogen. Besonders die Bärtigen. Sobald einer oder mehrere Männer im Raum sind, tut sie so, als sei es mit ihrem IQ nicht weit her. Als hätte der britische Philosoph und Frauenfreund John Stuart Mill (1806–1873) in seinem Werk *Die Hörigkeit der Frau* nicht schon 1869 geschrieben: »Es steht fest, dass es Frauen gibt, deren Gehirn ebenso groß ist wie das irgendeines Mannes. Ich weiß, dass ein Mann, der mehrere menschliche Gehirne gewogen, erklärt hat: das schwerste, welches man bis dahin gefunden, [...] sei das einer Frau gewesen.«[129] Die Frau ohne Schnurrbart möchte sich nicht vordrängen. Um von ihrer an sich beachtlichen Hirnleistung abzulenken, gibt sie in öffentlichen Situationen Unverfängliches von sich oder hält vorsorglich den Mund. Sie lässt Alex, Max und Dr. Mühlbach reden und nickt im Takt. Es gibt keine Diskussion, keine Sitzung, keine Konferenz, in der es ihr nicht gelingt, als Letzte das Wort zu ergreifen. Sie ist zu höflich, um andere zu unterbrechen, zu wohlerzogen, um ihre Ideen als das zu verkaufen, was sie tatsächlich sind: sensationell. Wenn es um ihr Können geht, wird sie zur Meisterin der einschränkenden Formulierung, der Rhetorik des Aber. Sie spricht fünf Sprachen, *aber* nur zwei ohne deutschen Akzent. Sie gewinnt jede Verhandlung, *aber* nur, weil sie so viel Glück mit ihren Geschäftspartnern hat. Sie ist klug, liebevoll, loyal – *aber* natürlich alles andere als perfekt. Bittet man diese Frau auf eine Bühne und drückt ihr ein Mikrofon in die Hand, erblasst sie und verschwindet bei nächster Gelegenheit von der Bildfläche. Wer sich aufmacht, sie zu suchen, findet sie an einem der zahlreichen Nebenschauplätze dieser Welt. Am Kopierer. Beim Kaffeekochen. Vor dem Computer. Da hockt sie, haut in die Tasten und tippt Protokolle. Ohne Schnurrbart. Mit gerunzelter Stirn.

Der Fall »Heidi« oder: Wie Stereotype Schafe produzieren

Obwohl die schnurrbartlose Frau längst volljährig ist, vermischt sie die Erwachsenenwelt zuweilen mit der Realität des Kindes: Sie schreibt allen, die ihr größer erscheinen als sie selbst, überirdische Kräfte zu, besonders den Männern. Sie sieht einen Anzugträger und hält ihn (unbewusst) für Superman. Sie denkt: »Er weiß mehr, kann mehr, hat mehr.« Mehr Kompetenz. Mehr Macht. Dieses magische Denken führt dazu, dass sie schlagartig vergisst, was sie selbst *vermag*. Das weitverbreitete Frauenleiden, sich von der (vermeintlichen) Expertise anderer platt walzen zu lassen, macht sogar vor Bestsellerautorinnen nicht halt. Das beste Beispiel ist Maureen Dowd, *New York Times*-Kolumnistin und Pulitzer-Preisträgerin, Autorin eines Buchs mit dem provokanten Titel *Sind Männer notwendig?*[130]. 2013 nahm die ebenso attraktive wie arrivierte Meinungsmacherin an einer – von einem Mann moderierten – feministischen Podiumsdiskussion vor gemischtem Publikum teil.[131] Dieselbe Frau, die für ihre beißenden Kommentare zu George W. Bush und Bill

Clinton bekannt wurde und von der Zeitung *Daily Telegraph* zu den 100 einflussreichsten amerikanischen Liberalen gezählt wurde, begann ihren Beitrag mit den Worten »Ich habe noch nie öffentlich debattiert – ich glaube, ich stecke in Schwierigkeiten«.[132] Wie kann das sein? Was ging in Maureen Dowd vor? Warum machte sie sich zum Schaf?

2003 lancierten zwei Professoren der Columbia Business School und der New York University ein interessantes Experiment. Sie verfassten eine Studie über die Unternehmerin und Geschäftsfrau Heidi Roizen, in der sie beschrieben, wie diese durch ihre »offene Persönlichkeit [...] und ihr großes privates und berufliches Netzwerk, (das) viele der mächtigsten Wirtschaftslenker im Technologie-Sektor umfasste«[133], zu einer erfolgreichen Risikokapitalgeberin aufstieg. Dann fragten sie eine Gruppe von Studenten, was sie von Heidi hielten; einer zweiten Gruppe legten sie den identischen Text vor – nur dass »Heidi« im zweiten Text »Howard« hieß. Das Ergebnis war ebenso klar wie erschreckend: Zwar beurteilten die Studenten (die real existierende) Heidi und (den erfundenen) Howard als gleichermaßen effektiv und leistungsstark, Howard aber erschien ihnen deutlich netter als die eher »selbstbezogene« Heidi. Warum? Weil ein erfolgreicher Mann – in männlichen *wie* in weiblichen Augen – als attraktiv und sympathisch, eine erfolgreiche Frau dagegen als unsympathisch oder zumindest verdächtig gilt.[134] Warum? Weil es bequemer ist, stereotypen Kategorisierungen (»Frauen gehören an den Herd!«) zu folgen, als sich die Mühe zu machen, einen Menschen objektiv zu beurteilen. Im Unterschied zu Geschlechternormen (→ Kap. 9) sagen geschlechtsspezifische Stereotype nichts darüber aus, was »gut« oder »richtig« ist; sie stellen kein bestimmtes (Rollen-)Ideal dar. Solche Stereotype sind sexistische Generalisierungen von Normen, vorurteilsbeladene Klischeevorstellungen vom *Normalen*, die sich tief in unsere Denkorgane eingegraben haben (»Eine arbeitende Mutter ist eine Rabenmutter!«). Dass Karrierefrauen im 3. Jahrtausend nach Christus von Männern *wie* von anderen Frauen misstrauisch beäugt oder diskriminiert (→ Kap. 11) werden, ist schlimm genug. Dass man uns so lange für dumm und inkompetent verkauft, bis *wir uns selbst* für dumm und inkompetent halten – oder uns zumindest so geben –, ist noch wesentlich schlimmer. Ein gutes Beispiel ist die (Selbst-)Wahrnehmung von Frauen in der Philosophie, dem »am stärksten männlich beherrschten Fach der Geisteswissenschaften«, wie der Londoner Philosoph Jonathan Wolff bemerkt.[135] Gerade an philosophischen Fakultäten sind Frauen mit hochrangigen Titeln unterrepräsentiert.[136] Schon während des Studiums werden Philosophinnen zu oft nicht ernst genommen, übergangen und als untalentiert betrachtet. Als sei das Philosophieren eine seltene Gabe, über die nur Männer verfügten.[137] Eine Frau, die sich jahrelang in ihre Kammer zurückzieht, um einsam über nicht-reduktiven Materialismus oder den postmetaphysischen Freiheitsbegriff zu brüten und statt Kindern intellektuell brillante, preisverdächtige Schriftstücke hervorzubringen, ist ja auch nicht *normal!* Sie muss *verrückt* sein. Also bewertet man ihre Texte schlechter als die ihrer männlichen Kollegen, stempelt ihre Reden als hysterisch ab oder, noch besser, lässt sie erst gar nicht zu Wort kommen.[138] Solche und ähnliche Erfahrungen tragen dazu bei, dass viele dieser Akademikerinnen eine Professur erst gar nicht in Erwägung ziehen.

Dass aus dem Vorurteil »Frauen können nicht denken« nicht selten der unzulässige Schluss gezogen wird: »Frauen sollen nicht denken«, zeigt die normative Kraft von Geschlechterstereotypen, die nicht nur Machos in ihren Bann zieht – sondern paradoxerweise auch uns selbst. Niemand zwingt uns ja, unsere Kompetenzen kleinzureden und so zu tun, als könnten wir nicht bis drei zählen. Wir tun es scheinbar freiwillig, *obwohl* wir eine gute Ausbildung haben oder gar einen Doktortitel besitzen. Sogar dann, wenn wir Maureen Dowd heißen. Schuld daran ist die sogenannte Bedrohung durch Stereotype (»Stereotype Threat«).[139] Je mehr wir (indirekt) auf negative Vorurteile gegenüber Frauen aufmerksam gemacht werden, desto stärker ist unsere Angst, ebendiese Vorurteile zu bestätigen. Das Phänomen des Stereotype Threat macht sich bemerkbar, sobald wir den Weg einer Philosophin, Mathematikerin, Elektrotechnikerin, Maschinenbauerin einschlagen oder irgendeiner anderen Tätigkeit nachgehen, die nach dem herrschenden Stereotyp als »männlich« gilt. Es genügt, dass wir in unserem jeweiligen Umfeld in der Minderzahl sind, dass wir die einzige Frau auf einem Podium sind, dass wir uns vor einem (gefühlt) männlichen Publikum beweisen müssen. In all diesen Fällen verschwenden wir unsere Kraft an die Überwindung unserer Versagensangst – so sehr, dass wir oft tatsächlich schlechtere Leistungen erbringen oder inkompetent wirken. Den Eindruck erwecken, uns liege die Rolle des Schafs.

Schalten wir nun für einen Moment die Angst aus und stellen unser Hirn auf Stufe fünf. Denken wir uns einen reaktionären Herrn, der – direkt oder indirekt – zu uns sagt: »Ich weiß alles (besser als du).« Wie wir vom Begründer der Sprechakttheorie John L. Austin wissen, informiert eine solche Äußerung nicht (oder nicht nur) sachlich über einen kognitiven Zustand; sie vollzieht vielmehr eine sozial bedeutsame Handlung. Sie *tut* etwas (→ Kap. 5). Wer immer uns zu verstehen gibt, er sei allwissend, allkompetent, ist es womöglich gar nicht. Er *fordert* nur etwas *ein:* die Macht, das Wissen und Können anderer (etwa der Gruppe der Schnurrbartlosen) niedriger einzustufen als das eigene. Daraus folgt: Jener imaginäre Herr ist nicht Superman. Er neigt bloß zum Größenwahn, weil er unter dem Einfluss von Stereotypen steht. Wir können ihn also ohne Weiteres vom Thron jagen. Aber wie?

Vorsicht vor der Gedankenlosigkeit

Ganz einfach. Wir müssen uns nur angewöhnen, die Wortführer und Entscheidungsträger, die man uns vorsetzt, nicht als gegeben hinzunehmen. Erst recht, wenn wir uns in einem ideologisch belasteten, von Stereotypen geprägten männlichen Umfeld bewegen. Wir müssen uns klarmachen, dass ihre Autorität nicht gottgegeben ist, sondern durch bestimmte Rituale zustande kommt – Rituale, zu deren Gelingen wir leider entscheidend beitragen. Nicht nur durch die Verschleierung unseres Könnens, sondern auch durch die damit einhergehende Bereitschaft, Denken und Handeln an andere zu delegieren. Anstatt eine Sachlage sorgfältig zu beleuchten und zu hinterfragen, glauben wir bewusst oder unbewusst, wir wären dazu sowieso nicht fähig. Und unterwerfen uns der (vermeintlichen) Expertise anderer. Wenn wir Dr. Mühlbach grünes Licht für seine Mittelmäßigkeit geben, brauchen wir uns über seine Bequemlichkeit und Selbstgerechtigkeit nicht wundern. So wenig wie über seine *Vor*urteile, die – nach Immanuel Kant – bewirken, dass »gewisse Männer [...] zu einer unersteigerlichen Höhe«[140] aufgebaut werden. Jedes Mal, wenn wir uns das Wort abschneiden lassen, jedes Mal, wenn wir uns den Zutritt zu »männlichen« Privilegien verwehren lassen, übergeben wir das Kompetenz-Zepter an andere; wir setzen uns aber auch noch einer weiteren Gefahr aus, die jeden Stereotype Threat klein aussehen lässt.

Je mehr Angst, desto weniger Mut. Je weniger Mut, desto geringer die Lust am kritischen Denken, daran, Position zu beziehen – und fragwürdigem Verhalten den Kampf anzusagen. Was passiert, wenn wir nicht mehr prüfen, ob das, was Dr. Mühlbach jeweils sagt und tut, gut, richtig, fair ist? Wir werden genauso bequem wie der Vorurteilsbeladene selbst. Wir gehen den Weg des geringsten Widerstands, legen uns einen Schutzpanzer der Gleichgültigkeit zu und schalten auf Durchzug. Das kann nicht gut gehen ...

»Menschen, die nicht denken, sind wie Schlafwandler«, schreibt die deutsch-jüdische Philosophin Hannah Arendt (1906–1975). In ihren Vorlesungen *Über das Böse*[141] erklärt sie eindrucksvoll, warum eigenständiges Denken und Urteilen besser ist als kräfteschonendes Wegschauen. Diese Art des Denkens hat nichts mit Grübeln zu tun. Es geht hier ums Denken als eine existenzielle Tätigkeit, die spezifisch menschliche Fähigkeit des »Mit-sich-selbst-Sprechens«, des In-Dialog-Tretens mit dem eigenen Gewissen. Ohne Denken kein Erinnern: »Niemand kann sich an das erinnern, was er nicht durchdachte, indem er darüber mit sich selbst gesprochen hat.«[142] Eine »Person«, die sich weigert zu denken, zu urteilen, zu erinnern, ist keine. Sie ist ein »Niemand«. »Niemand« kann weder kompetent noch inkompetent, weder integer noch zwielichtig sein – er oder sie existiert ja gar nicht. Im Klartext: Wenn wir nicht über unser (Nicht-)Tun nachdenken, uns nicht an das erinnern, was wir – oder andere – (nicht) getan haben, tun wir so, als gäbe es uns nicht, als wären wir für nichts verantwortlich, weder für unsere eigene Situation noch die der anderen. Wir sehen nichts, hören nichts, sagen nichts. Die Folge: Wir lassen alles mit uns machen und lassen es geschehen, dass man auch mit anderen alles machen kann.

Arendts paradigmatischer Niemand ist der einstige SS-Obersturmbannführer Adolf Eichmann, der für sie die »Banalität des Bösen« verkörpert.[143] Moment. Was hat dieser Schreibtischtäter und Massenmörder mit uns zu tun? Nichts, rein gar nichts. Wir sind moderne Frauen, und Eichmann war ein Schwerverbrecher … Wirklich nichts? Ein ganz kleines bisschen vielleicht. Eine winzige Kleinigkeit. Wir müssen zugeben: Immer dann, wenn wir uns von Vorurteilen und Stereotypen einschüchtern lassen, geben auch wir uns gedankenlos. *Unsere* Gedankenlosigkeit geht aber natürlich nicht – wie bei Eichmann – mit Gewissenlosigkeit einher. Das (schlechte) Gewissen ist bei uns ja ziemlich gut ausgeprägt. Die Leere in unserem Kopf entsteht vielmehr dadurch, dass wir keinen Mut haben zum Denken. Dass wir unser Urteilsvermögen der Angst opfern, als dumm, inkompetent oder verrückt dazustehen. Also wehren wir uns nicht, widersprechen nicht, sind nett und kochen Kaffee. Und was sind die Konsequenzen? Die alten weiblichen Stereotype (»Kritische Frauen sind nicht liebenswert!«) bestehen fort. Am Missstand unserer Machtlosigkeit wird nicht gerüttelt. In Ämtern, die nichts mit Kochen, Waschen und Stillen zu tun haben, riskieren wir weiterhin, belächelt, ignoriert, gemobbt (oder Schlimmeres) zu werden. Und mit uns unsere Kolleginnen, Freundinnen, Schwestern, Töchter.

Es ist Zeit zu beweisen, dass wir nicht zur Herde der »Niemande« gehören. Wir schreiben das Jahr 2015: Fangen wir an, uns als selbst denkende und urteilende Personen ernst zu nehmen! »Denken ist Reden mit sich selbst […], folglich sich auch innerlich […] Hören«, zitiert Hannah Arendt Kant. Ein wirklich gutes Urteilsvermögen braucht aber noch mehr: den Abgleich mit bisher unbekannten Sichtweisen –

und die Orientierung an Beispielen. Denn, so Kant: »Aus dem Unwillen oder der Unfähigkeit, seine Beispiele und seinen Umgang zu wählen, und dem Unwillen oder der Unfähigkeit, durch Urteil zu anderen in Beziehung zu treten, entstehen die wirklichen ›skandala‹ …«

Skandalös ist nicht nur die Selbstverständlichkeit, mit der wir Denken und Tun an andere (im Zweifel Idioten!) delegieren, sondern auch der Grund, weshalb wir dies tun. Wir fürchten uns davor, für eine neue, mächtige, noch nicht ganz normale, vielleicht sogar leicht *verrückte* weibliche Identität einzustehen, die gängige Stereotype schwächt. Wir denken zu viel über mutmaßliche Kompetenzen anderer nach, statt *selbst* zu denken, statt die besten Beispiele für Weisheit und Kompetenz unter unseresgleichen zu finden – und uns an ihnen zu orientieren.

»Über Macht verfügt niemals ein Einzelner«, heißt es in Hannah Arendts Werk *Macht und Gewalt*.[144] Macht braucht ein Wir (→ Kap. 11) – aber dieses Wir fängt eben bei uns selbst an, im Dialog zwischen uns und unserem Gehirn. Den Mut zur Macht müssen wir erst einmal in der eigenen Person zum Keimen bringen. Indem wir uns kritikfähig zeigen. Kritikfähig im Sinne des griechischen Verbs *krineîn* für »unterscheiden«, »(be)urteilen«. Kritik ist lernbar und Kritik macht frei. »Wenn wir von jemandem sagen, er ›habe die Macht‹, heißt das in Wirklichkeit, dass er von einer bestimmten Anzahl von Menschen ermächtigt ist, in ihrem Namen zu handeln«, schreibt Arendt. Sollte sich dieser »Jemand« als »Niemand« erweisen und unser Denkvermögen beeinträchtigen – setzen wir ihn unverzüglich ab!

Philosophisches Machtmittel Nr. 8:
Sich aus der selbst verschuldeten Unmündigkeit befreien

Wenn Sie in den letzten Jahren in New York waren, mussten Sie dort sicher nicht um Ihr Leben fürchten. Sie konnten ohne Kalaschnikow durch Brooklyn und die Bronx streifen. Dass es in dieser Stadt nicht mehr so zugeht wie in Martin Scorseses Film *Taxi Driver* (1976), verdanken wir dem ehemaligen New Yorker Bürgermeister Rudolph Giuliani. Er führte 1993 die sogenannte Nulltoleranzstrategie ein. »Zero tolerance« gegenüber Dieben, Dealern und Mördern, lautete sein Motto. Wenn Sie dazu neigen, Ihre Fähigkeiten kleinzureden oder von anderen kleinreden zu lassen, machen auch Sie sich diese Strategie zu eigen. Begegnen Sie Vorurteilen und Diskriminierung mit ZERO TOLERANCE. Wie? Legen Sie sich zunächst ein neues Denk-Programm zu, eines, das nicht im Handel erhältlich ist (und nie sein wird). Schalten Sie von »Nachmachen« auf »Selbstdenken« um. Drücken Sie den lila Knopf oben in der Mitte, um sämtliche Thesen über die Unterschiede zwischen Mann und Frau – aus methodischen Gründen – zu löschen. Spüren Sie, wie der Wunsch nach größeren Karriereschritten plötzlich ungehindert in Ihnen aufsteigt. Holen Sie sich Unterstützung beim besten Mentaltrainer aller Zeiten: Immanuel Kant. »Die wichtigste Revolution in dem Innern des Menschen ist: ›der Ausgang desselben aus seiner selbstverschuldeten Unmündigkeit‹«[145], schrieb das Zentralgestirn der philosophischen Aufklärung. Wenn Sie frei und mächtig werden wollen, lernen Sie die beiden folgenden Sätze am besten auswendig: »Unmündigkeit ist das Unvermögen, sich seines Verstandes ohne die Leitung eines anderen zu bedienen. Selbstverschuldet ist diese Unmündigkeit, wenn die Ursache derselben nicht am Mangel des Verstandes, sondern der

Entschlossenheit und des *Mutes* liegt, sich seiner ohne Leitung eines anderen zu bedienen.«[146] Sollten Sie dann immer noch nicht recht in die Gänge kommen, halten Sie sich einfach vor Augen, was geschehen wird, wenn Sie an Ihrer selbst verschuldeten Unmündigkeit festhalten und weiter wie ferngesteuert durch die Gegend laufen: Hannah Arendt würde Sie in die Kategorie »Eichmann« stecken ... Ist das nicht die ultimative Motivation, eine Kehrtwendung zu vollziehen?

Schritt 1. Lassen Sie nicht zu, dass man Ihren Verstand einlullt. Seien Sie stets wachsam. Sätze wie »Hach, die Bluse sieht aber süß aus an dir« oder »Oh, der Kleine da auf dem Foto neben Ihrem PC ist sicher Ihr Sohn?« können nett gemeint sein ... aber auch eingesetzt werden, um Ihnen den Part des schnurrbartlosen Schafs aufzubrummen – und Sie daran zu erinnern, dass Sie hübsch und mütterlich sein sollen und im Büro eigentlich nichts zu suchen haben. Wenn Sie anderer Meinung sind, verhalten Sie sich auch so. Schärfen Sie Ihr kritisches Urteil sich selbst gegenüber: Wie oft haben Sie in den letzten Wochen Kaffee gekocht, Notizen erstellt oder sich sonst wie ehrenamtlich betätigt? Natürlich macht es einen guten Eindruck, wenn Sie nett sind zu Ihren Kollegen, Mitarbeitern und Chefs, aber Sie sollten es nicht übertreiben. Wenn Sie als beruflich ambitionierte Frau ernst genommen werden möchten, führen Sie bei allen »weiblich« konnotierten Pflichten das Rotationsprinzip ein. Sammeln Sie in den Reihen Ihres Teams ein einziges Mal das Geld für Herrn Weißgerbers Geburtstagsgeschenk ein – und übergeben Sie das Amt dann feierlich an einen Kollegen. Sollte Ihnen Ihr Vorgesetzter zu verstehen geben, dass er sich wahnsinnig freuen würde, wenn Sie (wieder!) den Betriebsausflug organisierten, geben Sie *ihm* zu verstehen, dass Sie gerade mit einem wichtigen Projekt beschäftigt sind, aber Dieter oder Stefan die Organisation »total gern« übernehmen würde ... für weitere rhetorische und argumentative Strategien blättern Sie zu den Kapiteln 5 und 6 zurück.

Machen Sie sich klar: Komplimente streicheln Ihr Ego, bringen Sie aber beruflich nicht weiter. Eine pedantische Buchführung schon. Wann immer Sie positives Feedback für Ihre Leistungen erhalten, dokumentieren Sie akribisch den Wortlaut; und auch, wann, von wem und in welchem Kontext das Lob kam. *Diese* Notizen können Ihnen zu einem späteren Zeitpunkt sehr nützlich sein, um sich Respekt zu sichern und Ihre Position zu stärken.

Schritt 2. Signalisieren Sie allen, deren Unbewusstes von Stereotypen infiltriert ist, ZERO TOLERANCE. Klären Sie die, die nicht wissen, was Sie sind – weise, kompetent *und* sympathisch – über Ihre wahre Natur auf. Indem Sie gut gelaunt das Wort ergreifen. In jeder Konferenz, in allen öffentlichen Situationen. Achten Sie darauf, dass Sie unter den ersten drei Leuten sind, denen man zuhören muss. Sprechen Sie niemals mehr als Letzte! Intervenieren Sie, wenn man in versammelter Runde Ihre Ideen überhört und auf wundersame Weise dem männlichen Kollegen zuschreibt, der diese Ideen (drei Minuten später) einfach nachplappert. Holen Sie sich Ihre Lorbeeren zurück! Zeigen Sie den Plagiator an – ganz höflich: »Ich finde es gut, dass Tom meinen vorherigen Punkt noch mal wiederholt, und möchte daran auch gleich meinen nächsten Punkt anschließen ...« Schalten Sie sich auch ein, wenn einer Ihrer Kolleginnen das Gleiche zustößt. Unterstützen Sie einander im Kampf gegen unausgesprochene Dogmen (»Eine Frau hat keine genialen Ideen (zu haben)!«).

Und: Verabschieden Sie sich von dem Gedanken, Sie müssten alles alleine stemmen. Holen Sie sich Unterstützung von

»Diversity«-freundlichen Männern in einflussreichen Positionen, die genau wie Sie genug haben von patriarchalischer Dummheit. Wenn Sie fürchten, aufgrund Ihres Geschlechts von einer wichtigen Veranstaltung ausgeschlossen zu werden, lassen Sie Ihren Komplizen den Organisator darüber informieren, dass er ein gemischtes Podium begrüßen würde – und reservieren Sie sich so Ihren Platz auf der Bühne. Was haben Sie schon zu verlieren? Doch nur Ihre Angst. Und die war, wenn Sie ehrlich sind, sowieso nie Ihre beste Freundin.

Schritt 3. Schärfen Sie Ihr Denken und Handeln am Beispiel einer Frau, die den Mut hatte, die Fesseln weiblicher Rollenklischees abzustreifen: die Mathematikerin und Computerpionierin Ada Lovelace (1815–1852), Tochter des berüchtigten englischen Dichters Lord Byron. Adas Passion für mathematische und technologische Fragen macht sich früh bemerkbar. Schon als Zwölfjährige studiert sie die Anatomie von Vögeln und konstruiert sich ein Paar (leider nicht funktionsfähige) Flügel. Dank ihrer aristokratischen Herkunft genießt sie eine solide Bildung und hat auch Zutritt zu den Londoner Salons der Aufklärung. Adas Mutter, von ihrem skandalumwitterten Mann geschieden, fördert ihr Interesse an Zahlen und Naturwissenschaften (nicht zuletzt, um sie vor dem Einfluss des Vaters zu schützen). Die junge Mathematikerin nennt sich »Analystin (und Metaphysikerin)«[147] und freundet sich mit Charles Babbage an, dem Erfinder einer riesigen Rechenmaschine. Bald legt Ada umfangreiche Ausführungen zu Babbages schriftlichem Entwurf vor – die Basis ihres späteren Weltruhms. Was sie da zu Papier bringt, ist nämlich der allererste Algorithmus überhaupt, der Vorläufer eines Computerprogramms. Sie erkennt, dass man mit Babbages Maschine nicht nur Zahlen, sondern beliebige Objekte darstellen kann – womit noch ganz andere Berechnungen möglich sind als vom Erfinder erdacht. »Von der *Kraft* meines Schreibstils bin ich selbst wie vom Donner gerührt«, so Ada in einem Brief an ihren Kollegen. »Insbesondere scheint er mir ganz untypisch für eine Frau; aber ich kann ihn auch nicht mit dem eines Mannes vergleichen.«[148]

Die verheiratete Frau und Mutter dreier Kinder passt sich ganz und gar nicht in die Rolle der Sorgenden ein. Sie hat eine Affäre nach der anderen, zockt leidenschaftlich gern – und will als Mathematikerin Karriere machen. Dass sie als Frau an keiner Universität studieren darf, kann sie nicht schrecken. Sie schickt einfach ihren Mann in Bibliotheken, damit er wissenschaftliche Artikel für sie kopiert. Unter ihren Bekannten sind viele Wissenschaftler, Mathematiker und Experimentalphysiker, mit denen sie von Gleich zu Gleich verkehrt. Deren Anerkennung und ihre Arbeit für Babbage verändern sie: »Ich bin so ganz anders geworden. So viel mutiger. Nichts macht mir jetzt Angst.«[149] Nicht einmal der Gebärmutterhalskrebs, an dem sie viel zu früh, mit 36 Jahren, stirbt …

Am Fall Lovelace sehen Sie, wie viel die Missachtung geschlechtsspezifischer Zuschreibungen bewirken kann. Adas »Befreiung aus der selbstverschuldeten Unmündigkeit« (Kant) fand vor mehr als 150 Jahren statt – jetzt ist Ihre Zeit gekommen. Schütteln Sie alle Vorurteile ab, die noch an Ihnen kleben. Tun Sie, wofür Ihr Herz schlägt. Mit Mut und Leidenschaft. Und ZERO TOLERANCE gegen alle, die Ihnen Ihren Weg verbauen wollen.

Schritt 4. Lassen Sie sich von der langweiligen Erwachsenenwelt, in der man Sie auf Normalmaß zurechtstutzen will, bloß nicht einschüchtern. Gewöhnen Sie sich ans Selbstdenken. Machen Sie sich – wie Ada – unentbehrlich. Zeigen

Sie den Leuten, wie wichtig Sie für sie sind. Wer zieht die besten Aufträge an Land? Wer gewinnt die besten Kunden? Wer schreibt die herausragendsten Papers? Wer schafft es immer wieder, das trübe Team zu motivieren? Wer *kann* (objektiv betrachtet) am meisten? *Sie.* Helfen Sie Ihrem Umfeld auf die Sprünge. Machen Sie es darauf aufmerksam, wie abhängig es von Ihnen ist. Nehmen Sie Ihre Buchführung zur Hand (s. Schritt 1) und erinnern Sie die anderen an ihre lobenden Worte. Streuen Sie hie und da auf subtile Weise ein, dass Sie nicht normal sind, sondern großartig.

MERKE: Alle Beziehungen sind Machtbeziehungen. Die Mächtigste ist die, ohne die die anderen nicht leben können – vorausgesetzt, man setzt sie darüber in Kenntnis.

Schritt 5. Nach Hannah Arendt ist es unsere eigene Entscheidung, in wessen Gesellschaft »wir unser Leben zu verbringen wünschen«: im Kreis von (potenziell verbrecherischen) Niemanden – oder von freien, mutigen Menschen. Treffen Sie also Ihre Wahl. Lassen Sie die Denkfaulen links liegen und verschicken Sie Einladungen an Gleichgesinnte. Initiieren Sie den »Salon der Mutigen und Entschlossenen«. Tauschen Sie sich untereinander über Ihre jeweilige Erkenntnisse, Erfolge, Fortschritte aus. Reflektieren Sie mögliche Rückschläge aus der Perspektive von Leuten, die frischen Wind in Ihr Leben bringen: Frauen, die wie Sie keine Lust mehr haben, mit einem Schaf verwechselt zu werden. Männern, die mehr an der Zukunft interessiert sind als an ihrem Schnurrbart. Lassen Sie ausreichend Wein fließen (die Philosophin empfiehlt einen 1990er Château Latour). Stoßen Sie an, parlieren und dinieren Sie bis in die Puppen und feiern Sie sich gegenseitig ... bis der Engstirnigkeit die Luft ausgeht.

»Ich bin ein Weib und obendrein kein gutes.«

TERESA VON ÁVILA

9   Das Artige-Mädchen-Syndrom

Als Wolf im Schafspelz bezeichnen wir jemanden, der seine brutalen Absichten hinter einer Fassade aus Höflichkeit, Zuvorkommenheit und anderen Harmlosigkeiten verbirgt. Dieses Tier von einem Menschen, das erstmals im Neuen Testament sein Unwesen trieb, findet sich in Großkonzernen wie in Privathaushalten. Ein Wolf im Schafspelz grinst sein Opfer an – und hat es schon verschlungen. Anders das Schaf im Schafspelz. Es tritt nicht nur harmlos auf, sondern tut auch wirklich keiner Fliege etwas zuleide; mehr noch, es verspürt den unstillbaren Drang, jeden lästigen Sechsfüßer, der sich beim unermüdlichen Ansturm gegen die Fensterscheibe das Hirn platt fliegt, zu heilen und zu trösten. In diese zweite Kategorie fallen moderne Frauen, die am Artigen-Mädchen-Syndrom erkrankt sind. Auch ohne medizinische Vorkenntnisse ist das artige Mädchen leicht an seinen Hauptmerkmalen zu erkennen: a) chronische Nettigkeit und b) durch adoleszentes Verhalten und diverse stilistische Maßnahmen heraufbeschworener Jugendlichkeit.

Das artige Mädchen wirkt wie jedes Schaf so liebreizend und tapsig, dass man ihm nichts zutraut, es dafür aber ständig knuddeln möchte. Dass man es mit einer modernen Frau zu tun hat, lässt sich vor allem an der von Ehrgeiz entfachten Nervosität ablesen, die dieses bezaubernde Wesen ausstrahlt. Sehen wir genauer hin. Warum ist diese Frau nervös?

Sie hat fast alles, was man sich wünschen kann: eine solide Bildung, einen ordentlichen Job, Freunde und Freiheit. Viel Freiheit. Die Freiheit, in der Stadt herumzustreunen, shoppen zu gehen, mit Freundinnen zu chatten, in haltloses Gelächter auszubrechen und zu suchen. Wonach? Nach einem Mann natürlich. Nicht nach irgendeinem, einem *guten* Mann – einem, der es wert wäre, gemeinsam mit ihm den Grundstein für das perfekte Glück zu legen. Ist das nicht wunderbar? Die moderne Frau, die da so frisch daherkommt, kann sich aussuchen, wer ihr Herzblatt sein soll, wer sie aus Einsamkeit, Unbedeutendheit, Frustration und Langeweile erlösen darf. Sie muss niemanden um Erlaubnis fragen. Sie vermag zu wählen, mit wem sie den Rest ihrer Tage verbringen möchte, für wen sie auf den Crosstrainer steigt, kocht, wäscht, bügelt, putzt ... Warum ist sie dann nervös? Die romantische Suche ist eben kein Spaziergang, sondern ein Kampf. Schließlich weiß die moderne Frau noch besser als der in Kapitel 4 zitierte Philosoph Axel Honneth, dass Liebe neben Recht und Solidarität eine wichtige Quelle der Anerkennung ist – die vielleicht wichtigste überhaupt. Also denkt sie: Nur wenn es ihr gelingt, ihr Ich dem partnerschaftlichen Wir einzupassen, hat sie eine Existenzberechtigung. Denn nur dann ist sie eine *gute* Frau. Sie weiß: Die Zeit drängt. Sie muss schnell machen, ihre Freiheit effektiv nutzen und sich ins Zeug legen. Wer mit 35 noch allein ist, braucht sich keine großen Hoffnungen mehr zu machen. Wer sagt das? Alle. Die Zeitungen, die Psychologen, die Statistiken!

Die Suche nach Liebe zählt zu den größten Herausforderungen im Leben der modernen Frau. Kaum ein anderes Unternehmen bringt sie so sehr an den Rand des Nervenzusammenbruchs – kaum ein anderes macht sie derart mit ihrer Ohnmacht bekannt. Dabei ist sie anfangs noch recht entspannt. Wenn es darum geht, Bars und Websites zu durchforsten, tut sie es spielerisch, unsystematisch und mit einer gewissen Selbstironie, ein bisschen wie Carrie Bradshaw aus *Sex and the City*. Wie Carrie träumt sie von »Mr. Big«, ihrer künftigen besseren Hälfte, einem erfolgreichen und dennoch einfühlsamen Fantasiegebilde. Doch jedes Mal, wenn sie glaubt, nun endlich den Richtigen gefunden zu haben, sucht er auch schon wieder das Weite. Wie kann das sein? Hat er Angst vor ihr? Sieht sie zu gut aus? Ist sie zu erfolgreich, zu perfekt (→ Kap. 2)? Hat sie womöglich zu viel Macht für ihn (sie, die Ohnmächtige)? Die moderne Frau beginnt, ihre Suche zu professionalisieren. Sie sucht online und offline. Sie ändert ihren Stil. Trägt flippige Outfits, flirtet mit ihrem Chef, zählt Kalorien, betrinkt sich, gibt sich jugendlich und unbeschwert. Sie bemüht sich, die Art von Frau zu sein, die Männer angeblich anziehend finden. Sie versucht sich als *Bridget Jones,* wird alberner, verzweifelter, netter, unkritischer. Die Jahre vergehen. Sie steigt von *Sex and the City* auf *Girls* um. Aber Lena Dunham kann sie auch nicht trösten. Die Freiheit liegt ihr wie ein Mühlstein auf der Seele. Sie küsst einen Frosch nach dem anderen, und keiner will sich als Prinz erweisen. Sie macht sich klein, spielt ihr Gehalt herunter. Hie und da beginnt sie eine Beziehung, stets sieht es vielversprechend aus, stets endet es in Tränen. Warum ruft er nicht (mehr) an? Betrügt er sie? Wird er sie betrügen? Oder doch noch heiraten? Liebt er sie *wirklich?* Je mehr Enttäuschungen sie zu verkraften hat, desto artiger wird sie. Ihre Nervosität potenziert sich – und mit ihr die Angst. Und die Ohnmacht. Was, wenn sie allein bleibt? Das kann und darf nicht sein. Die moderne Frau rüstet auf. Sie kocht aufwendige Menüs, kauft sexy Dessous, steht stundenlang im Regen, zeigt Verständnis, wenn er sich verspätet, nicht anruft oder seine Versprechen bricht. Während er gemütlich sein Bier trinkt, klaubt sie seine schmutzigen Socken auf. Und überlegt, was sie sonst noch für ihn tun könnte. Sie passt sich an. Sie mutiert zum artigen Mädchen. Sie fürchtet die Niederlage.

Die Macht der Norm

Die serienmäßige Verwandlung moderner Frauen in artige Mädchen aus Angst, in der Liebe leer auszugehen, ruft eine Phalanx von Rettern auf den Plan. Psychologische Berater und Persönlichkeitscoaches stehen bereit, der Single-Frau unter die Arme zu greifen – als wäre sie labil, unreif, unfähig zu Zwischenmenschlichem. Aber wenn sie es nicht ist, wer ist dann verantwortlich für ihre Misere? Die Männer sind schuld!, ruft Simone de Beauvoir (1908–1986), das Patriarchat. In ihrem legendären Werk *Das andere Geschlecht*[150] erklärt die französische Philosophin, wie der Mann die Frau zum passiven, abhängigen, sich selbst aufgebenden »Objekt« degradiert, um sich seiner Souveränität zu versichern. Kann das sein? Sind Frauen Schafe, weil Männer Wölfe sind? Die »Konsumsphäre« ist schuld!, ruft die britische Kulturwissenschaftlerin Angela McRobbie, »der globale Mode- und Schönheitskomplex« der neoliberalen Gesellschaft. McRobbie sieht die leistungsstarke, kaufkräftige Frau von heute von bestimmten modischen und kosmetischen »Weiblichkeitsritualen« beherrscht, die an die Stelle patriarchaler Macht getreten seien. »Die autoritäre Stimme der Konsumkultur ist vertraut, schmeichelnd und anspornend […] Patriarchale Autorität existiert nun umgeformt innerhalb eines Regimes der Selbstkontrolle, an dessen strengen Kriterien Frauen sich immer und ständig messen müssen, von ihren jüngsten Jahren bis ins fortgeschrittene Alter«, heißt es in ihrem Buch *Top Girls*.[151]

Was ist nun die tiefere Ursache des Artigen-Mädchen-Syndroms: das natürliche Bedürfnis, von einem Mann geliebt und anerkannt zu werden, oder der von Marktmechanismen befeuerte Zwang, einem bestimmten Ideal von Frau zu entsprechen?

Eine Frau: Was ist das überhaupt? Wie »sie« wahrgenommen wird, hängt ja nicht nur von ihrer biologischen Ausstattung, ihrer äußeren Erscheinung ab – ob sie Pumps trägt (passend, da »weiblich«) oder einen Schnurrbart (unpassend, da »männlich«) –, sondern auch von ihrer Position innerhalb eines sozialen Beziehungsgeflechts. Davon, wie sie sich verhält, wie sie ihr Leben gestaltet. Ob eine Frau als *gute* Frau durchgehen kann, hängt davon ab, ob sie die ihr zugewiesene gesellschaftliche Rolle hinreichend erfüllt, was sich wiederum anhand bestimmter Normen entscheidet. Nach der traditionellen Geschlechternorm der weißen westlichen Mittelklassegesellschaft sollte eine gute Frau den Idealen der Fürsorglichkeit, Einfühlsamkeit und Attraktivität entsprechen; und ein guter Mann denen der Aktivität, Unabhängigkeit und Rationalität (→ Kap. 7). Doch Normen schreiben uns nicht nur ein bestimmtes Verhalten vor, sie wirken nicht nur präskriptiv, sondern auch deskriptiv: Sie sagen uns, was eine Frau oder ein Mann jeweils *ist*. Wie die amerikanische Philosophin und Linguistin Sally Haslanger warnt, sind solche Beschreibungen allerdings trügerisch.[152] Mit der Aussage »Frauen sind einfühlsam« verhält es sich schließlich ähnlich wie mit der Aussage »Haie greifen Badende an« – beide können, müssen aber nicht wahr sein. Verallgemeinerungen wie diese sind gefährlich, weil sie eine ideologische Wahrnehmung der Wirklichkeit fördern (→ Kap. 11).

Die alleinstehende Frau, die sich von der Generalisierung »Frauen sind in einer glücklichen Beziehung (oder zumindest in einer, die so aussieht)« versklaven lässt, tut so, als sei dies die Wahrheit über die gute Frau, die sie zu sein anstrebt. Aber ist es überhaupt gut, gut zu sein – so *gut,* wie es die Norm verlangt? Ein guter Sklave ist ein gehorsamer Sklave, ein guter Sklaventreiber einer, der geschickt die Peitsche schwingt. Doch die normativen Ideale von gutem Sklaven und gutem Sklaventreiber machen die Sklaverei nicht »besser«. Sie rechtfertigen noch nicht die Institution der Sklaverei. Ein normatives Ideal ist nur dann angemessen, wenn man gute Gründe für die soziale Rolle hat, für die es als Maßstab fungiert. Der Wert eines Ideals wie »Nettigkeit« kann und darf niemals als Rechtfertigung für eine bestimmte Rolle dienen: So wie es unzulässig ist, den Part des Sklaventreibers einzunehmen (mag man sich dabei auch noch so nett geben), so könnte es auch verfehlt sein, die Laufbahn des artigen Mädchens einzuschlagen ...

In Zeiten von *casual sex* und Polyamorie erscheint das Ideal der klassischen Paarbeziehung (inklusive Rollenaufteilung) attraktiver denn je. Dies zeugt nicht nur von der ungebrochenen Kraft traditioneller Geschlechternormen. Es weist auch auf die normative Wirkung populärer Fiktionen hin, mit denen wir sozialisiert wurden. Von *Anna Karenina* bis *Madame Bovary,* von *Harry und Sally* bis *Eine verhängnisvolle Affäre* finden wir unzählige Vorlagen für unser persönliches Verständnis von Liebe, unsere eigenen romantischen Hochs und Tiefs, Hoffnungen, Erwartungen und Enttäuschungen.[153] Wir lesen, sehen, träumen und glauben. Wir lernen, wie sich eine gute Frau verhält, wie sie sich kleidet, was sie mag, wie sie wohnt, worauf sie hofft, worunter sie leidet, was sie fürchtet und: was sie auf keinen Fall tun darf. Ihre Jugendlichkeit verlieren. Unartig sein.

Ein Kaninchen in kochendes Wasser werfen.[154] Am Happy End vorbeisteuern. Sich der Norm verweigern. Eigene Maßstäbe aufstellen. *Schlecht* sein.

Von großen Anstrengungen und leichten Siegen

Das Artige-Mädchen-Syndrom ist eine Krankheit, die nicht nur ohnmächtig macht, sondern auch zu völligem Realitätsverlust führen kann. Sie verschlimmert sich durch unreflektierten Konsum von Romanen, Filmen, amerikanischen Serien und anderen Kulturgütern, die Liebe zu etwas machen, was sie nicht ist. Eine Norm. Eine Marke. Die nervenaufreibende Suche nach »Liebe®« (Laurie Penny) verwandelt uns in identische, austauschbare »Schafe®«, die gestreichelt, aber nicht respektiert werden. Das Artige-Mädchen-Syndrom bewirkt, dass wir genau das nicht bekommen, was wir uns eigentlich, in unserem tiefsten Innern, abseits ideologischer Schablonen wünschen: echte Zuneigung, die wir ohne Angst erwidern können.

Wenn wir uns in der Liebe machtlos fühlen (oder noch machtloser als auf anderen Gebieten), ist dies darauf zurückzuführen, dass wir uns zu sehr ins Zeug legen, den kulturellen Vorgaben zu entsprechen, ein Ziel (den »Prinzen®«) anzupeilen, unsere Freiheit zu nutzen. Wir machen einen Plan, den wir unter Aufbietung aller Kräfte umzusetzen suchen. Wir kämpfen, aber je angestrengter wir kämpfen, desto schwächer werden wir … Was wir brauchen, ist keine Psychoanalyse – es sind die Ideen des chinesischen Generals Sunzi (Sun Tsu) (ca. 544–496 v. Chr.). Sein berühmtes Werk *Die Kunst des Krieges*[155], das Napoleon als militärisches Nachschlagewerk diente und in dem amerikanische Offiziere während der Operation *Desert Storm* im Irak Inspiration finden sollten,[156] hat das Zeug, das Artige-Mädchen-Syndrom ein für alle Mal auszurotten.

Sunzi ist ein Gegner sinnloser Energieverschwendung – und ein großer Freund der Mühelosigkeit. Er rät, einen Kampf erst dann zu beginnen, wenn man bereits gesiegt hat: »Siegreiche Truppen sind Truppen, die gesiegt haben, bevor sie den Kampf beginnen; besiegte Truppen sind Truppen, die den Sieg erst im Moment des Kampfes suchen.« Wie soll das gehen? Durch eine Strategie der Zurückhaltung, die den Gegner verwirrt und aufwühlt; die die Umstände alles regeln lässt, während man selbst keinen Finger krümmt. Der Taoismus, auf dem Sunzis Lehre basiert, verachtet dumpfe Gewalt. »Wer sich am Töten von Menschen freut, der kann nicht die Macht auf der Welt erringen«, heißt es im *Tao te king*.[157] Wohl aber der, der sich nicht besonders anstrengt. Denn der größte Sieg ist laut Sunzi der am »leichtesten« zu erringende. Ein General, der das richtige Timing hat und weiß, wie er sich die Umstände zunutze machen kann, braucht keinen ausgefeilten Schlachtplan, sondern bloß einen scharfen Blick. Er muss nur erkennen: Alles ist paradox. Was wie ein Nachteil aussehen mag, kann sich als Vorteil erweisen. Es gibt kein Schwarz und Weiß. Ein und dieselbe Aktion kann, je nach Sachlage, zu unterschiedlichsten Ergebnissen führen. Die größten Stärken sind die, die wie Schwächen aussehen: »Wenn wir also fähig sind, anzugreifen, müssen wir unfähig erscheinen; wenn wir unsere Streitkräfte einsetzen, müssen wir inaktiv scheinen«, rät Sunzi.

Sunzis General verfolgt kein Ziel, es geht ihm nicht darum, sichtbare Fortschritte zu machen. Er folgt dem *tao*: einem »Weg«, auf dem etwas möglich ist – der aber zu nichts hinführt, weder zu Ruhm noch zu Ehre noch zu einem wie immer definierten glücklichen Ende. Der taoistische Kämpfer braucht keine Mittel, um einen bestimmten Zweck zu erreichen. Er braucht auch keine hohen Ideale. Er will sich nicht durch heldenhaftes Gebaren hervortun, sondern die Dinge sanft und indirekt regeln. Dabei ist es nicht das »Ich, das etwas anstrebt und will, sondern es sind die in geeigneter Weise ausgenutzten, vorhandenen Bedingungen, die zum Ergebnis führen werden; anders gesagt, sie arbeiten für mich«[158], so der Sinologe und Philosoph François Jullien. Wer die Umstände studiert, statt von subjektiven Vorstellungen, Plänen und Idealen auszugehen, wird nicht enttäuscht. Wer keine Erwartungen hat, für den kann es auch keine Hindernisse geben. Das positive Resultat kommt wie von selbst, wenn man das Potenzial erkennt, das einer Situation innewohnt, und sich von ihm zum Sieg tragen lässt – oder einfach abwartet, bis sich die Sachlage geändert hat. Das ist alles.

Was hat die *Kunst des Krieges* nun mit der Suche nach Liebe zu tun? Viel. Die Single-Frau befindet sich schließlich wie Sunzis General in einer Kampfsituation. Auch sie hat einen klaren Gegner. Aber wen oder was muss sie eigentlich bekämpfen? Einen bestimmten Mann? Die Männer im Allgemeinen? Den bösen Wolf? Oder das hinter Lippenstiften und Wonderbras lauernde neoliberale Patriarchat? Nein! Ihr Feind ist nicht das andere Geschlecht. Es sind die Geschlechter*normen*. Überlieferte Ideale, die sie in die Rolle des artigen Mädchens pressen, sie zwingen, jeden noch so kleinen Anflug von Schnurrbart zu entfernen, ihr vormachen, eine schlechte Seriendarstellerin sei eine *gute* Frau. Das normative Drama nimmt seinen Lauf. Die nette, jugendliche Frau strampelt sich ab. Je netter, verfügbarer *sie* ist, desto cooler, unverbindlicher, gleichgültiger wird *er*. Der ideale Stoff für unendlich viele traurige Romanzen, eine unerfüllte »Liebe®« nach der anderen. Die Akteure wechseln, der Plot bleibt gleich: *Er* bekommt Anerkennung, und *sie* wird immer nervöser. Die Einsamkeit hält an. Je mehr sie sich dem weiblichen Ideal unterwirft, desto mehr macht er sich dem männlichen gleich. Bis es Mann gegen Frau steht. Subjekt gegen Objekt. Autonomie gegen Fürsorge. Freiheit gegen Abhängigkeit.

Was für Sunzi die feindlichen Truppen sind, sollten für uns die Generalisierungen »Mann« und »Frau« sein. Ein »leichter« Sieg, der ohne gebrochene Herzen zustande kommt, kann nur einer sein, bei dem Frau *und* Mann gewinnen. Wenn wir uns Liebe wünschen, müssen wir nicht zu artigen Mädchen verkümmern. Wir können die Macht der Norm brechen. Wir können selbst mächtig werden – und Liebe finden. Ganz leicht. Wir müssen nur aufhören, die Realität zu missdeuten. »Die hauptsächlichste und charakteristischste Verirrung spekulativer Geister als solche«, schrieb der Philosoph John Stuart Mill, »entsteht gerade aus dem Mangel der lebhaften Beobachtung und beständig gegenwärtigen Wahrnehmung objektiver Tatsachen.«[159] »Spekulative Geister« nannte Mill die männlichen Ideologen seiner Zeit, die das »Ideal des weiblichen Charakters« zum Anlass nahmen, unsere scheinbar naturgegebene Unterwürfigkeit zu legitimieren. Er hätte auch *uns* so nennen können …

Der Weg zur Liebe ist kein anderer als der zur Macht. Er hat wenig mit Theorie zu tun, aber alles mit Tun.

Philosophisches Machtmittel Nr. 9:
Mühelosigkeit trainieren

Zu den Fehlern, die ein General begehen kann, zählt Sunzi »Unbekümmertheit, da sie zur Vernichtung führt; und Feigheit, da sie zur Gefangennahme führt«[160]. Was geht Sie das an? Wenn Sie am Artigen-Mädchen-Syndrom erkrankt sind, könnte es immerhin sein, dass Ihre Unbekümmertheit und Feigheit dazu beigetragen haben. Unbekümmertheit und Feigheit nicht den Männern, sondern den geschlechtsspezifischen Normen gegenüber, denen Sie sich verpflichtet fühlen. Normen sind trügerisch: Normatives Sein und *Sollen* muss nicht Ihrem Sein und *Wollen* entsprechen. Vielleicht wollen Sie sich ja tatsächlich dem Ideal der Artigen unterordnen – vielleicht aber auch nicht. Laut Sunzi geht ohne Selbsterkenntnis gar nichts. Also prüfen Sie sich. Gehen Sie mit sich ins Gericht: Was wollen *Sie*? Wollen Sie einen Mann, weil Sie fürchten, ohne bessere Hälfte eine schlechtere Frau zu sein? Wollen Sie ihn, weil Sie sich sonst unvollkommen fühlen? Weil die anderen auch einen haben? Oder wollen Sie Liebe, egal in welcher Gestalt? Träumen Sie trotz Ihres zweifellos hervorragend entwickelten kritischen Verstandes heimlich von einem hochgewachsenen, muskulösen Herrn, der George Clooney täuschend ähnlich sieht? Ersinnen Sie filmreife Szenen, wie Sie gemeinsam Austern schlürfen oder in seinem Cabrio die Côte d'Azur entlangkurven? Dann wünschen Sie sich wahrscheinlich einen »Partner®«, das normative Standardmodell in attraktiver Verpackung. Aber ist das wirklich *Ihr* Wunsch? Wer ist stärker: Sie – oder die Normen und Ideologien, mit denen Sie sich identifizieren? Ziehen Sie mit Sunzi in den Krieg. Kämpfen Sie einen Kampf, der sich lohnt. Denken Sie stets daran: Der leichte Sieg wird nicht durch Anstrengung bewirkt, sondern durch Aufmerksamkeit. Es geht darum, in den Umständen die Basis für die feindliche Niederlage auszumachen, den passenden Zeitpunkt für den Angriff abzuwarten, so leise und indirekt vorzugehen, dass der Sieg scheinbar von selbst kommt – mit minimalem Kraftaufwand.

Sie fühlen sich verunsichert, verwirrt? Wunderbar. Es kann losgehen.

Schritt 1. Rekapitulieren Sie Ihre Männergeschichten. Erinnern Sie sich, wie oft Sie *ihn* bekocht, getröstet und abgeholt haben – und was Sie dafür von ihm bekamen. Heiße Liebesnächte und leere Versprechen. Sollten Ihnen dabei Tränen in die Augen schießen, lassen Sie sie ruhig fließen. Auf eine Packung Kleenex mehr oder weniger kommt es nicht an. Wenn Sie fertig geweint haben, analysieren Sie Ihre Erfahrungen von der Metaebene aus. Nehmen Sie ein großes Blatt Papier. Notieren Sie links typische Verhaltensweisen, die Sie in den jeweiligen (angebrochenen) Beziehungen an den Tag legten, etwa: »Charolais-Filets zubereiten«, »Kuchen backen«, »auf seinen Anruf warten«, »sich ihm gleich beim ersten Treffen hingeben (es war so romantisch)«, »Lösungen für seine Probleme austüfteln«, »auf sein Erscheinen warten«, »ihm überall zustimmen«, »ihm alles verzeihen«, »ihm manikürt, pediküt und vollständig enthaart gegenübertreten«, »ihm teure Geschenke kaufen«, »eigene Interessen vernachlässigen«, »auf seine Anerkennung warten« etc. Auf der rechten Seite notieren Sie die geschlechtsspezifischen Generalisierungen, die dahinterstecken: »Frauen können kochen«, »Frauen sind fürsorglich und einfühlsam«, »Frauen sind attraktiv« usw. Machen Sie sich klar: Diese Aussagen sind ideologischer Natur – so wie die Sätze »Frauen können nicht einparken«, »Frauen sind hörig« oder »Frauen sind Schafe«. *Gewisse* Frauen sind Schafe, Sie gehören nicht dazu. Nicht, wenn Sie jetzt noch ein zweites Blatt Papier nehmen und sich um eine Definition Ihrer selbst bemühen, die der Wahrheit entspricht. Zum Beispiel: »Ich kann nicht kochen. Ich bin fürsorglich. Ich kann zuhören, stehe aber nicht als seelischer Mülleimer zur Verfügung. Ich bin treu. Ich bin keine Konkubine.« Und so weiter. Eine authentische Selbstbeschreibung ist Gift für jedes normative Ideal (mag es auch noch so mächtig erscheinen).

Schritt 2. Strengen Sie sich nicht so an – lassen Sie die Umstände für sich arbeiten. In Online-Partnerbörsen oder bei Kluburlauben systematisch nach Liebe zu suchen, kostet viel zu viel Mühe. In solchen genormten Umgebungen halten sich – mit einigen wenigen Ausnahmen – sowieso nur genormte Kandidaten auf. Männer, die einem bestimmten Männlichkeitsideal nacheifern: Blender, Selbstdarsteller, Herzensbrecher. Wenn Sie Ihre Kräfte schonen möchten, verlassen Sie das konventionelle Gehege. Folgen Sie wie Sunzis General dem *tao*. Gehen Sie Ihren eigenen »Weg«, aber erwarten Sie nicht, dass er an irgendein Ziel führt. Machen Sie Umwege, wagen Sie Irrwege in Gefilde, die Ihnen bisher fremd waren oder abstrus erschienen. Suchen Sie Sportvereine, fremde Länder, Wohltätigkeitsveranstaltungen oder sonstige merkwürdige Orte auf, aber suchen Sie nicht. *Lassen* Sie sich suchen. Helfen Sie, tun Sie Gutes, schenken Sie anderen ein Lächeln – aber nicht um zu beweisen, wie nett Sie sind, sondern einfach um des moralischen Klimas willen. Vertrauen Sie auf die Kraft des Paradoxen: Je mehr Sie Ihr Ziel aus den Augen verlieren, desto leichter können Sie es erreichen. Während Sie Judo und Aikido lernen, sich ehrenamtlich betätigen oder auf dem Kilimandscharo herumklettern, wird sich Ihre Situation nach und nach verändern. Die Macht der Normen wird sich abschwächen, und

Sie werden Ihr Interesse an »Männern®« verlieren. Sie werden so »inaktiv scheinen« (Sunzi) und in dieser vermeintlichen Schwäche so begehrenswert, dass Mann sein Autonomiestreben vergessen – und sich aktiv um Sie bemühen wird.

Schritt 3. Achten Sie auf das Timing (→ Kap. 3). Geben Sie den Dingen Zeit zu reifen. Sie gehen auf die vierzig, fünfzig zu? Ihr Bindegewebe macht schlapp, Sie schaffen es nicht abzunehmen, Sie ärgern sich über Ihre Schlupflider, Ihnen wächst ein Schnurrbart? Lassen Sie sich nicht hetzen, erst recht nicht vom »Mode- und Schönheitskomplex« (McRobbie). Jünger aussehen heißt nicht: schneller Liebe finden, sondern: noch nervöser werden. Anti-Aging hin, Anti-Aging her, irgendwann ist es mit der Jugendlichkeit ohnehin vorbei. Für jede von uns. Und dann? Nichts. Liebe zählt keine Falten, Liebe braucht Zeit, egal, wie alt man ist. Wenn Sie also einem Menschen begegnen, von dem Sie sich Zuwendung erhoffen, bedrängen Sie ihn nicht mit Ihrer Nettigkeit. Warten Sie ab, bis er selbst nett wird.

MERKE: Die Generalin der Liebe gibt ihren Soldaten Zeit, sich zu bewähren. Sie folgt der Maxime »*Hire slow, fire fast!*« (und nicht umgekehrt!).

Schritt 4. Wenden Sie sich nun einer durch und durch *schlechten* Frau zu: Amantine Lucile Aurore Dupin (1804–1876), zweifache Mutter, Romancière, Bestsellerautorin, über die ihr Kollege Gustave Flaubert schrieb: »Nur, wer sie wie ich gekannt hat, weiß, wie viel Feminines in diesem großen Mann steckte.«[161] Als Intellektuelle und Erotomanin wird Aurore das Schafspelzkostüm schnell zu eng, weshalb sie folgerichtig die Garderobe wechselt. Die Dame geht zu Herrenanzügen, Zigarren und Pfeifen über und verleiht sich das männliche Pseudonym George Sand. George liebt die Männer, und die Männer lieben sie – trotz oder wegen ihres gewaltigen Doppelkinns. 1833, zwei Jahre vor ihrer Scheidung von Baron Casimir Dudevant, lernt sie bei einem Essen in Paris den sechs Jahre jüngeren Poeten und Dandy Alfred de Musset kennen. Sie beginnen eine *amour fou*, die jeden Drehbuchautor alt aussehen lässt. George und Alfred ziehen nach Venedig. Doch was so romantisch beginnt, artet allerdings schnell zu einem Desaster aus.[162] George erkrankt, und Alfred zieht um die Häuser. Alfred erkrankt, und George beginnt eine Affäre mit seinem Arzt. Beide stürzen in kreative Krisen – die sie jedoch besser bewältigt als er: »Am Abend hatte ich zehn Verse gemacht und eine Flasche Schnaps getrunken; sie hatte einen Liter Milch getrunken und ein halbes Buch geschrieben«, bekennt der beleidigte Liebhaber. George vergnügt sich mit dem Venezianer, Alfred reist nach Paris ab. Kaum sind die Liebenden getrennt, beginnt eine leidenschaftliche Korrespondenz. George ist Geschäftsfrau genug, um nicht einfach so dahinzudichten, sie weiß ihre Briefe zu verwerten; sie reichert sie mit Impressionen des venezianischen Alltags an, um sie später zu veröffentlichen. Als sie nach Paris zurückkehrt, hat sie neben ihrem venezianischen Geliebten die Briefe, zwei Romane und eine Novelle im Gepäck. Kaum ist sie wieder daheim, steht Alfred vor ihrer Tür – und der Venezianer zieht ab. Nach insgesamt zwei Jahren endet die große verrückte Liebe zwischen der Schriftstellerin und dem Dichter. George trauert. Aber nicht sehr lange. Auf Alfred folgen weitere außergewöhnliche Männer (darunter Frédéric Chopin) …

Eine Frau oder vielmehr: ein Mann wie George Sand ist sicher nicht das, was Sie sein wollen. (Oder doch?) Trotzdem können Sie einiges von ihr lernen. Zum Beispiel, dass es sich ohne normatives Korsett viel schöner lebt: Man muss sich keine Sorgen um sein ausgeprägtes Kinn oder sonstige besondere Merkmale machen, die nicht dem weiblichen Ideal entsprechen. Man lernt nicht nur interessante Literaten, sondern auch exotische Städte und ihre Bewohner kennen. Im Übrigen sehen Sie an Georges Beispiel, dass es nicht nötig ist, eines Mannes wegen seine Karriere zu vernachlässigen – wer einen kreativen Job wählt, kann seine amourösen Erlebnisse sogar zu Geld machen. Sie müssen Ihre Geschichten ja nicht gleich wie George – in ihrem Werk *Sie und Er*[163] – öffentlich ausbreiten; es reicht, wenn sie Ihnen als Inspirationen für ein neues Produkt dienen (sei es eine Flirt-App oder eine Peitsche). »Die Leiden der Liebe«, schrieb George Sand, »sollten uns erhöhen, nicht erniedrigen.«[164] Lassen Sie diesen Satz auf sich wirken – und schöpfen Sie daraus eine große Kelle Mühelosigkeit.

Schritt 5. Und überhaupt. Wer sagt denn, dass Sie einen Mann brauchen? Vielleicht ist doch eher eine Frau das Richtige für Sie. Oder …? Wenn Sie nicht wissen, was Sie wollen, verzweifeln Sie nicht. Schlagen Sie bei Laurie Penny nach: »Verliebtsein ist toll, aber es ist nicht das größte Glück, das ich kennengelernt habe. Wenn ich ehrlich sein soll, hecke ich mit meinen Freunden lieber eine Revolution aus.«[165]

10   Die Angst vor Männern

»Der Abstand zwischen den Geschlechtern verringert sich, in ihren Rollen treiben sie der Austauschbarkeit zu – ein epochales Sozialdrama …, ein biologisch-soziologisches Experiment, für das sich in der Geschichte kein Beispiel findet«, raunte der *Spiegel* im Jahr 1984.[166] Eine etwas vorschnelle Diagnose. 2015 sind wir von einem »Sozialdrama« jedenfalls weit entfernt. Noch wird Deutschland nicht von »androgynen Lichtgestalten« beherrscht. Noch kann man die Unterschiede zwischen Männern und Frauen klar erkennen. Der moderne Mann zeichnet sich nicht durch langes wehendes Haar aus, sondern durch die Fähigkeit, trotz seines Willens zum Windelwechseln ein deutlich höheres Gehalt nach Hause zu bringen als sein weibliches Pendant. Die moderne Frau imponiert nicht als Schnurrbartträgerin, sondern durch Perfektionsstreben, Durchhaltevermögen und die Selbstverständlichkeit, mit der sie beruflich zurücksteckt, sobald sie Mutter wird. Natürlich gibt es auch jede Menge moderner Frauen, die kinderlos bleiben – die genauso viel oder mehr verdienen als ihre männlichen Kollegen. Nehmen wir eine kinderlose Frau, der es – trotz Selbstzweifeln! – gelungen ist, eine ziemlich hohe Führungsposition in einem Großunternehmen zu ergattern. Ihr standen keine vergrippten Kinder oder streikenden Erzieherinnen im Weg. Aufgrund fehlender familiärer Verpflichtungen konnte sie ein ambitioniertes Karriereziel ins Auge fassen und es gegen die Ziele anderer durchsetzen und verteidigen. Die Frau, die wir meinen, kennt ihre Ansprüche, ihre Rechte. Sie ist dazu legitimiert, Macht auszuüben. Sie kann, darf und soll auf ihre Mitarbeiter einwirken, um ihre Position »auch gegen Widerstreben« (Max Weber) (→ Kap. 1) zu behaupten.

Wie kann sie ihre Macht ausbauen? An wem soll sie sich orientieren? Wenn sie die obersten Etagen ihres Konzerns nach Vorbildern scannt, stößt sie zunächst auf die Vergangenheit – dort regiert eindeutig die Tradition. Die Vorstände sind (überwiegend) männlich. Es sind Männer mit Haus, Auto und Boot, die sich, anstatt das weibliche Führungspersonal empathisch in die Arme zu schließen, meist gegenseitig die Bälle zuspielen, die mit Vorliebe nicht junge Frauen, sondern junge Männer fördern. Unter den paar Frauen, die über der frischgebackenen Aufsteigerin stehen, entspricht keine einzige dem weibliche Zärtlichkeit und männliche Konfliktbereitschaft vereinenden »Ideal der androgynen Persönlichkeit«, das der *Spiegel* einst ausrief. Wenn sich die Frau, die wir meinen, unter ihren Geschlechtsgenossinnen nach einer Mentorin, einer Identifikationsfigur umsieht, sind ihre Wahlmöglichkeiten beschränkt. Von den anwesenden Topdamen gibt es – vereinfacht gesagt – nur zwei Kategorien: Kategorie A »Ungeschminkt mit Kurzhaarfrisur und Hosenanzug« oder Kategorie B »Rote Lippen und Pumps«. An welche Gruppe soll sie sich halten? Welche ist progressiver, zukunftsfähiger: die sachlich bis robust auftretende Mann-hafte – oder die perfekt Gestylte, die ihre Femininität wie ein Markenzeichen vor sich herträgt?

Die moderne Frau, die in einem Großunternehmen aufsteigen will, hat es mit dem zu tun, was der Soziologe und

Philosoph Heinrich Popitz »normierende Macht«[167] nennt:
die Fähigkeit einer Institution, eines Konzerns, einer politischen Organisation, durch entsprechende Regeln und Verordnungen für normativ »verfestigte« Konformität und Fügsamkeit zu sorgen. Sie ist aber auch massiv mit männlicher Macht konfrontiert, genauer: der Macht der männlichen Norm (→ Kap. 8), die ihr Arbeitsumfeld beherrscht, deren Autorität sie dazu bringt, entweder ihre Weiblichkeit zu vermännlichen (A) – oder sich in ihrem Auftreten von männlichen Kriterien und Perspektiven steuern zu lassen (B).

Was »erotisches Kapital« mit Angst zu tun hat

So tough und ungebunden die kinderlose Karrierefrau erscheinen mag, sie ist auch nur ein Mensch. Wie wir alle ist sie ein weibliches Wesen, das mit der Angst zurückzubleiben, zu versagen, nicht anerkannt zu werden ringt. Als eine der Hauptquellen der Anerkennung gilt ihr wie uns allen (den meisten von uns) die Liebe (→ Kap. 8) – oder wenigstens Wertschätzung – eines Mannes. Einen Mann zu finden, der einen wirklich und dauerhaft liebt, kann ziemlich schwierig sein. Einen Partner zu finden, der auch dann zu einem steht, wenn man ihn gehaltsmäßig übertrumpft, ist noch wesentlich schwieriger.[168] Je mehr Macht wir in beruflicher Hinsicht anhäufen, je unabhängiger und reicher wir werden, desto mehr riskieren wir, uns unbeliebt zu machen. Ungeliebt zu bleiben. Warum? Weil wir in traditionell männlich besetztes Terrain eindringen. Dürfen wir das nicht? Rechtlich gesehen schon. Was ist dann das Problem? Versetzen wir uns einen Augenblick in das Innere des modernen Mannes, einen von Adrenalin und Testosteron prall gefüllten Ort, wo alle Zeichen auf Expansion stehen. Die männlichen

Kräfte mahlen und pumpen. Sie streben danach, das Mannsein zu realisieren. Sie stacheln den Mann an, der zu werden, der er ist, aufzustehen, aus sich herauszugehen, zu wachsen, zuzupacken, einzugreifen, zu erobern. Der moderne Mann ist wie seine Vorfahren eine seelisch-geistig-körperliche Wundertüte. Wie sie ist er nicht nur dazu disponiert, mit seinesgleichen Büffel zu jagen und Wetttrinken zu veranstalten, sondern auch dazu, Kinder zu zeugen, sich einen Chefposten zu angeln, einem Team vorzustehen, Frau und Kind Sicherheit zu bieten. Doch wohin der moderne Mann auch geht, was auch immer er sich erkämpft – die moderne Frau ist irgendwie immer präsent. Oft ist sie – aufgrund ihrer Ausdauer, ihrer exzellenten Noten und fachlichen Leistungen[169] – auch schon vor ihm da. Sie sitzt nicht den ganzen Tag zu Hause und wartet auf ihn. Sie macht sich in seiner Sphäre breit, erwirbt einen Jagdschein, betätigt sich als Marathonläuferin, übt sich im Fallschirmspringen, boxt sich selbst durch und kauft sich zur Belohnung das x-te Paar Schuhe. Sie hängt ihn ab, sie braucht ihn nicht mehr! So scheint es ihm jedenfalls – in seinem tiefsten Inneren. Aber er besitzt noch eine letzte Trumpfkarte: seine sexuelle Macht. Die Macht, dem Gegengeschlecht, das aufgrund seiner erstaunlichen Multitaskingkompetenz sowohl Herr(in) im Haus ist als auch sein Wild selbst erlegt, schöne Augen zu machen, es mit seiner starken Schulter zu locken und zu verführen … »Die männliche Unabhängigkeit, Autorität im Haushalt und gegenseitige Solidarität wurden allesamt geschwächt, wobei sich die traditionelle Männlichkeit sogar in ein entgegengesetztes Statussymbol verwandelt hat und nunmehr kulturell als Arbeiterklassen-Männlichkeit kodifiziert ist«, erklärt die Soziologin Eva Illouz in ihrer Studie *Warum Liebe weh tut*. »Genau dieser Kontext ist es, in dem sich die Sexualität zu einem der wichtigsten *Status-*

merkmale für Männlichkeit entwickelte.« Nach Illouz hat sich die moderne Frau an die vom modernen Mann vorgelebte »serielle Sexualität« zwar vielfach angepasst (sie ist durchaus fähig, Männer wie Schuhe zu wechseln) – ihr Wunsch nach »sexueller Exklusivität« und damit einhergehender emotionaler Verbindlichkeit scheint trotzdem unausrottbar.

Hat Illouz recht? Auffällig ist jedenfalls, dass das Artige-Mädchen-Syndrom (→ Kap. 8) noch immer weitverbreitet ist. Und es scheint, als könnten wir das Artigsein sogar dort nicht lassen, wo wir (potenziell) am meisten Macht ausüben: in den oberen Etagen großer Unternehmen und den Schaltzentralen der Politik. Weil wir es müssen? Die Indizien sprechen dafür, dass wir nur dann Topfrau sein dürfen, wenn wir in der Lage sind, uns mit männlichen Augen zu sehen – kontrollierende Blicke auf uns zu werfen, die verhindern sollen, dass wir entweder zu weiblich (Kategorie A) oder zu männlich (Kategorie B) wirken. Warum trotten wir in Hosenanzügen in den Konferenzsaal, wenn wir eigentlich lieber im Sommerrock hereinflattern würden (Kategorie A)? Warum stöckeln wir perfekt gestylt an unseren Kollegen vorbei, wenn wir die unbequemen Pumps am liebsten in die Ecke pfeffern würden (Kategorie B)? Warum fühlen wir uns verpflichtet, uns in der einen oder anderen Weise – branchenabhängig – *zu verkleiden?* Aus Angst. Wir fürchten, die Herrschaft der männlichen Norm (»Unternehmenskultur«) zu sprengen, die Potenz des Mannes infrage zu stellen, den Zorn der männlichen Autorität auf uns zu laden, nicht bezahlt, nicht ernst genommen, befördert, anerkannt, wertgeschätzt, geliebt zu werden. Unsere Angst ist berechtigt. Wer seine Konformität nicht unter Beweis stellt, sich unangemessen kleidet, sich nicht anpasst, zu forsch ist, läuft zumindest Gefahr, degradiert zu werden.

Moment. Beweist die neuere »Rote Lippen und Pumps«-Kategorie etwa nicht, dass wir selbstbestimmt sind wie nie? Dass »Frau« und »Macht« im modernen Unternehmenskontext – anders als oft in unseren privaten Beziehungen – eine angstfreie, unangepasste, geradezu natürliche Allianz eingehen können? Ein extremes und daher sehr lehrreiches Beispiel für Kategorie B ist Sheryl Sandberg, COO bei Facebook, reich, mächtig, talentiert – und optisch eine (nicht einmal kinderlose!) Granate. In ihrem berühmten *TED-Talk*-Video[170] von 2010, in dem sie Frauen ermahnt, keine Schafe zu sein, sich reinzuhängen und unerschrocken an ihrer Karriere zu stricken, trägt sie ein extravagantes Oberteil, einen eng anliegenden Rock, der kurz über dem Knie endet, und Lackpumps mit steilen, dünnen Absätzen, deren metallene Spitzen Mordinstrumenten gleichen. Sandberg fasziniert – doch die Botschaft, die sie mit ihrer sexy Kostümierung, ihrer rauchigen Stimme und ihren geschmeidig-koketten Bewegungen übermittelt, ist ambivalent. Einerseits gibt sie zu verstehen: »Seht her, Mädels, man muss sich als Topfrau keinen Jutesack überstülpen, man kann jetzt zur eigenen Weiblichkeit stehen. Schaut mich an, wie weit ich ohne Hose gekommen bin, beneidet mich nicht, imitiert mich lieber!« Andererseits signalisiert sie: »Hey, Jungs, gebt zu, dass ihr mich trotz meines fetten Geldbeutels begehrt – ihr könnt gar nicht anders!« Und: »Hey, Mädels, versucht erst gar nicht, mir Konkurrenz zu machen, ich bin heißer als ihr!«

Kein Zweifel, Sheryl Sandberg besitzt das, was die britische Soziologin Catherine Hakim »erotisches Kapital« nennt.[171] Eine Kombination aus Schönheit, Sex-Appeal, Lebendigkeit, Stilbewusstsein, Charme und Sozialkompetenz, die sich nach Hakim jede Frau zunutze machen soll, um privat wie karrieretechnisch zu erstarken. Wie Illouz geht

Hakim davon aus, dass wir es mit einer zwar brüchigen, doch nach wie vor bestehenden »patriarchalen Familien- und Wirtschaftsorganisation« (Illouz) zu tun haben – und schließt daraus, dass wir die konstitutiv triebhaften Männer mittels High Heels und Co. »instrumentalisieren« (Hakim) müssen. Wir sollen den Spieß einfach umdrehen – und die sexuelle Macht für uns beanspruchen! Es fragt sich allerdings, ob wir die Machtverhältnisse mit Push-up-BH und Hüftwedeln nicht eher bestätigen, als sie zu revolutionieren. Wir können noch so sehr überzeugt sein, mit hohen Schuhen hätten wir die Männer in der Hand, noch so fest glauben, raffinierte Dekolletés seien ein Zeichen fortgeschrittener weiblicher Emanzipation und Macht; die Botschaft, die die Maskerade eines um »Erotik« bemühten Looks transportiert, bleibt zweideutig. Sie signalisiert nicht nur: Souveränität! Sondern eben auch: Angst! Angst vor der Vermännlichung. Angst vor den Männern, die einen als Frau ablehnen könnten. Angst vor der Konkurrenz anderer Frauen (→ Kap. 11), die uns beruflich oder privat (oder beides!) das Wasser abgraben könnten. Angst davor, die Verkleidung abzulegen. Wir selbst zu sein. Unartig. Mächtig.

Warum Gefürchtetwerden besser ist als Geliebtwerden

Aber ist Sheryl Sandberg nicht der lebende Beweis, dass man es mit Domina-Pumps nach ganz oben schaffen kann? Falsch. Hohe Schuhe sichern keine Positionen. Eine aufgestylte Frau muss keine Machthalterin sein. Es kann sich auch um ein Schaf (mit besonders glamourösem Schafspelz) handeln. Ein Look hat noch nie jemanden an die Macht gebracht (nicht einmal Sheryl Sandberg). Sehnsucht schon.

Das Sehnen nach etwas, das schöner, größer, besser und interessanter ist als das Anpeilen einer Spitzenposition allein. Die Liebe zu einer Idee, einer Vision, die in der kruden Realität nie da gewesene Möglichkeiten erschließt. Weltschaffende Kraft: Darin liegt das Wesen des Eros, wie Platon (428–348 v. Chr.) ihn beschrieb.[172] Eine erotische Frau im platonischen Sinne muss keine – in männlichen Augen – schöne Frau sein. Was sie unwiderstehlich erotisch macht, ist weniger ihre Sexiness als ihr *eigenes Begehren*, etwas zu erschaffen, das ihr eigenes Sein übersteigt, sie unsterblich macht: ein Produkt. Eine bahnbrechende Innovation. Eine bessere Welt. Ein Universum, in dem jede so mächtig sein kann, wie sie will ...

Wenn wir uns von der Liebe zum Schönen und Guten beflügeln lassen, haben wir die Macht, andere damit anzustecken. Mit einem starken Eros können wir die über uns mit unseren Ideen begeistern und die neben und unter uns zu einer nachhaltig engagierten Zusammenarbeit motivieren. Aber: Mit platonischem Idealismus allein kommt man in Wirtschaft und Politik nicht weit. Wenn wir dort Macht nicht nur erlangen, sondern auch *behalten* wollen, brauchen wir neben wahrer Erotik noch etwas ganz anderes. Ein Charisma-Training, einen Schmink-Workshop? Eher nicht. Noch wichtiger als die Frage, ob Topfrauen langes, offenes Haar tragen dürfen oder ob und, wenn ja, wie oft sie lächeln sollen, ist die Frage, ob sie genug machiavellistische Tüchtigkeit *(virtu)* besitzen: die Fähigkeit, sich durch Realitätssinn, Sachverstand und Geschicklichkeit bleibenden Respekt zu verschaffen. »(Denn) es liegt so große Entfernung zwischen dem Leben, wie es ist, und dem Leben, wie es sein sollte, dass derjenige, welcher das, was geschieht, unbeachtet lässt zugunsten dessen, was geschehen sollte, dadurch eher seinen Untergang als seine Erhaltung betreibt«, schreibt

der florentinische Politiker und Philosoph Niccolò Machiavelli (1469–1527) in seinem berüchtigten Werk *Der Fürst*.[173]
Die Lehren, die der praxiserprobte Diplomat den um Ruhm und Reichtum bemühten Herrschern seiner Zeit mitgab, sind hochaktuell. Was damals galt, gilt heute erst recht. In der Männerwelt, in der »schön« »gewinnbringend« heißt und »gut« »nützlich«, haben die Artigen, Tugendhaften, Angepassten wenig zu sagen – egal ob Hose oder Rock. Ethik ist gut, Effizienz ist (im Zweifelsfall) besser: »Ein Mensch, der sich in jeder Hinsicht zum Guten bekennen will, muss zugrunde gehen inmitten von so viel anderen, die nicht gut sind.« Doch Machiavelli ist, anders, als ihm gerne unterstellt wird, kein Amoralist. Er hat nichts gegen Moral – aber viel gegen Naivität. Für ihn stellen Macht und Moral keine Gegensätze dar, sie dienen einander vielmehr wechselseitig. Wie ist das gemeint?

Der Fürsten-Coach geht – ähnlich wie der chinesische Stratege Sunzi (→ Kap. 8) – davon aus, dass alles vernünftige Tun eine sorgfältige Betrachtung der Umstände voraussetzt. Machiavelli rät den Mächtigen, sich je nach Situation so tugendhaft wie möglich und so unmoralisch wie nötig zu verhalten. Wer sich in der politischen Arena zu gutgläubig und gutmütig verhält, macht sich vielleicht beliebt – dies aber schützt nicht vor Machtverlust. Denn in schlechten Zeiten »scheuen sich die Menschen weniger, einen zu verletzen, der sich beliebt macht, als einen, den sie fürchten«; weshalb Gefürchtetwerden eindeutig besser sei als Geliebtwerden. Ein rechtes Maß an Gewalt dient nicht nur dazu, den Untertanen »Angst vor Strafe« einzujagen und somit den eigenen Machterhalt zu sichern, Grausamkeit kann (paradoxerweise) auch dazu beitragen, den Frieden eines Landes zu sichern. Zu viel Milde, so Machiavelli, führt dagegen zu Führungsschwäche und Missständen aller Art.

Moralisches Handeln ist also nicht immer so »gut«, wie es scheint: Es dient nicht unbedingt dem Erhalt von Macht und Reichtum. Und es kann die Lebensqualität derjenigen mindern, die vom Wohl des Mächtigen abhängen.

Aus Machiavellis Motto »Der Zweck heiligt die Mittel« spricht weit mehr als der reine Opportunismus: Pragmatismus. Illusionslosigkeit. Realismus. Und sogar: Verantwortung. Im politischen wie im unternehmerischen Kontext sind ein guter Wille und eine edle Gesinnung schließlich nie so wertvoll wie die Fähigkeit, die Folgen des eigenen Tuns in verantwortlicher Weise abzuschätzen. Was den italienischen Renaissancefürsten diente, ist genau das, was *wir* heute brauchen: eine machiavellistische »Verantwortungsethik«[174], die uns hilft, klar zu sehen, unsere Angst abzulegen, unserem Sehnen zu folgen – und die Männer dort, wo es nötig ist, das Fürchten zu lehren.

Autorität ist die nachhaltigste Form der Macht. Sie setzt Maßstäbe und gibt Orientierung. Sie beeinflusst die Einstellung und das Verhalten anderer. Sie bringt andere dazu, sich anzupassen. Autorität aber ist »nicht etwas, was man hat, sondern was man erhält« (Popitz). Sie entsteht in und durch Beziehungen. Wenn wir Spitzenfrauen werden – und bleiben – wollen, müssen wir dafür sorgen, dass andere uns nicht mit dem verwechseln, was wir zu sein *scheinen,* sondern uns als das erkennen, was wir *sind:* autoritative Respektspersonen, Machthalterinnen ...

Philosophisches Machtmittel Nr. 10:
Auf Eros und Machiavelli setzen

Was sehen Sie, wenn Sie in den Spiegel schauen? Eine Frau vermutlich. Herzlichen Glückwunsch! Sie brauchen keine Angst mehr zu haben, weder vor Männern noch sonst irgendetwas. Sie zählen zum starken Geschlecht, die Zukunft gehört Ihnen. In den meisten Wachstumsbranchen, vom Gesundheitssektor bis hin zur Digitalwirtschaft, sind weibliche Kompetenzen gefragt. Es ist nur eine Frage der Zeit, bis Ihr Gehalt das der Männer in Ihrem Umfeld übertrumpft, bis diese Männer einsehen, dass Sie *gerade deshalb,* weil Sie beruflich so erfolgreich sind, die beste Partie aller Zeiten sind ... Wann es so weit sein wird, wissen wir leider nicht. Bis die unternehmerischen und politischen Landschaften von Topfrauen unterschiedlichster Kategorien bevölkert werden, vergeht wohl noch eine Weile. Inzwischen können Sie sich nützlich machen und über eine Bartträgerin aus dem künstlerischen Bereich nachdenken: Conchita Wurst alias Tom Neuwirth, Siegerin des *Grand Prix Eurovision*-Wettbewerbs 2014. Frau Wurst besitzt jede Menge Eros – und ist alles andere als ein konventioneller Transvestit. Dieses ätherische Wesen mit dem gepflegten Vollbart parodiert die weibliche Norm nicht einfach, es stellt kein Hybrid dar, keine »androgyne Lichtgestalt« *(Spiegel)* oder sonstige Mann-Frau-Vermischung. Was es repräsentiert, ist vielmehr ein *Nebeneinander* und *Sowohl-als-auch* von männlich (Bart) und weiblich (Lippenstift). In der Person der Conchita Wurst spiegelt sich die Zukunft: eine friedliche Koexistenz von Frau und Mann, in der die ausgeglichenen Machtverhältnisse *normal* sind. Eine Utopie? Ob ja oder nein, Sie werden es (vielleicht) noch erleben. Einstweilen können Sie in Ruhe überlegen, was Sie von Frau Wursts

Inszenierung halten. Was auch immer es sein mag – niemand bringt Ihnen die Bedeutung des Machiavelli-Satzes »Alle sehen, was du scheinst, aber nur wenige erfassen, was du bist« näher als Conchita. Einfach durch ihr Sosein ...

Schritt 1. Treten Sie noch nicht gleich vom Spiegel zurück: Führen Sie ihm Ihre typische Arbeitskluft vor und bitten Sie ihn um sein kritisches Urteil. Fragen Sie ihn, welche Botschaft Ihre Kleidung transportiert. Egal, ob Sie mehr zu Kategorie A oder B tendieren, gleich, ob Sie mit Ihrer Erscheinung die männliche Autorität bestätigen oder unterlaufen – jeder halbwegs intelligente Spiegel wird Ihnen bestätigen: Es ist nie egal, was Sie tragen. Ihre Kleidung ist immer auch ein Teil organisatorischer und gesamtgesellschaftlicher Machtstrukturen. Ob Sie ein Jackett wählen oder ein eher figurbetontes Outfit, bedenken Sie, dass Ihre Kleidung spricht, bevor Sie es tun (→ Kap. 5). Mit dem, was Sie tragen, können Sie geschlechtsspezifische Zuschreibungen verwischen (A: »Ich bin zwar eine Frau, trete aber aus professionellen Gründen männlich auf«) oder akzentuieren (B: »Ich bin eine Frau, und daraus mache ich optisch eine Marke«). Als (künftige) Spitzenfrau stehen Sie unter besonderer Beobachtung, denn von Ihrer Sorte gibt es (noch) nicht viele. Je weniger Frauen, desto größer die Gefahr weiblicher Stereotypisierung (→ Kap. 8): »Erfolgreiche Frauen sind unsexy!« Oder: »Erfolgreiche Frauen erkennt man an ihrer Prada-Tasche!« Machen Sie sich deshalb klar: *Was Sie auch tragen, Sie tragen Verantwortung dafür.* Fragen Sie sich, was Sie mit Ihrem Aufzug sagen wollen. Den Männern, den Frauen, sich selbst.

Schritt 2. In gewisser Weise befinden Sie sich kleidungstechnisch in einem Dilemma: Sie können anziehen, was Sie wollen, sich einen Schnurrbart ankleben oder künstliche

Brüste, es finden sich immer Gründe, die gegen Ihre Wahl sprechen. Am besten, Sie versuchen, wann immer sich die Gelegenheit bietet, zu vergessen, welchem Geschlecht Sie angehören. Wenn dies an dem Ort, an dem Sie tätig sind, kaum möglich ist, hüten Sie sich jedenfalls vor dem anderen Extrem: der Maskerade. Bemühen Sie sich nicht, ein »Mann« zu sein – jeder echte Mann wird Ihr Schmierentheater sogleich entlarven. Strengen Sie sich aber auch nicht zu sehr an, die »Frau« zu geben, wenn Sie sich mehr mit Ihrer männlichen Seite identifizieren. Und: Stellen Sie Ihr »erotisches Kapital« (Hakim) nur in Maßen zur Schau. *Zu viel* von Ihrer geballten ökonomischen und sexuellen Potenz kann auf Männer wie Frauen abschreckend wirken. Missbrauchen Sie Ihre Weiblichkeit nicht. Spielen Sie nicht die Unerreichbare. Durch ein allzu perfektes Styling signalisieren Sie letztlich nur, dass Sie Angst haben. Angst, von Männern verletzt und unterjocht zu werden, Angst vor der sexuellen Konkurrenz der Frauen, Angst davor, Sie selbst zu sein – und Ihre Ohnmacht endgültig abzulegen.

MERKE: Die ganze Welt ist eine Bühne (→ Kap. 5) – doch Schauspielerei will gelernt sein. Die interessantesten Stücke sind die, die das Spannungsverhältnis von Sein und Schein deutlich machen. Die beste Aktrice ist die, die die Grenzen der ihr zugewiesenen Rolle systematisch erweitert!

Schritt 3. Seien Sie, was immer Ihre Branche erlaubt, aber seien Sie kein Schaf. Haben Sie keine Angst vor männlicher Macht. Die Männer, die den Wolf hervorkehren, Sie nicht ernst nehmen, drangsalieren, sitzen lassen, sind womöglich eine aussterbende Rasse. Wenn nicht, ist dies auch kein Grund, sich von der antiquierten männlichen Potenzshow beeindrucken zu lassen, sei es im privaten oder im beruflichen Kontext. Machen Sie aber auch nicht den Fehler, sich zu sehr an männliche Autoritätspersonen anzulehnen, erst recht nicht an solche über 60. Hüten Sie sich davor zu glauben, diese Typen hätten mit der Sexualität abgeschlossen (denken Sie an Machiavelli: Der Schein trügt!). Verwechseln Sie sie vor allem nicht mit Ihrem Vater. Sobald Sie merken, dass Ihre Stimme in Gegenwart eines solchen Herrn zu einem Piepen mutiert, machen Sie den Artiges-Mädchen-Test. Fragen Sie sich: An wen erinnert er mich? Was erwarte ich von ihm? Warum fürchte ich ihn, warum gebe ich ihm so viel Macht über mich?

Schritt 4. Stärken Sie Ihren Eros. Nehmen Sie sich Platon zu Herzen. Lassen Sie sich von Philosophie, Kunst und Literatur inspirieren (oder vom Bergsteigen, wenn Ihnen Kultur nicht so liegt)! Treten Sie einem Chor bei, singen Sie (s. Schritt 6)! *Was immer Sie tun, folgen Sie Ihrer Leidenschaft.* Entwickeln Sie eine Idee, die die gläsernen Decken dieser Welt sprengt. Seien Sie idealistisch, planen Sie Großes. Sobald Sie selbst wissen, was Sie wollen *(mehr!),* gehört Ihnen die Welt. Laut Machiavelli hat Macht viel damit zu tun, »seine Untertanen ständig mit Spannung und Bewunderung« zu erfüllen, sie neugierig auf Ihre künftigen Taten zu machen. Wenn Sie Ihre erotische Seite ausbauen, wird Ihnen dies spielend gelingen. Nach und nach werden Sie eine Atmosphäre schaffen, in der es wenig Resignation, Missmut und Vorurteile gibt – und viel Begeisterung.

Schritt 5. Wenn schlechte Zeiten kommen, Phasen in Ihrem Leben, in denen Sie an den hierarchischen Strukturen Ihrer Organisation verzweifeln, in denen Sie gemobbt zu werden oder zu scheitern (→ Kap. 4) drohen, wecken Sie das Tier in sich. Nein, nicht das Schaf! Halten Sie sich an den Fuchs und den Löwen: »Man muss also ein Fuchs sein, um die Schlingen zu erkennen, und ein Löwe, um die Wölfe zu schrecken«, heißt es bei Machiavelli.[175] Wenn Regelbefolgung und Tugendhaftigkeit nicht mehr weiterhelfen, sind füchsische Schlauheit und die Grausamkeit eines Löwen die besten Strategien, um sich die Ehr-Furcht der anderen zu sichern. In einer Welt, in der Nutzwertdenken und Korruption an der Tagesordnung sind, kann es nicht nur erlaubt, sondern sogar geboten sein, sein Wort zu brechen oder zu »morden« (= für jemandes Entlassung zu sorgen). Was wollen *Sie*? Artig bleiben? Oder das Gute – Ihre Vision – verteidigen? Na also. Denken Sie nicht zu lange nach, handeln Sie. Klären Sie die Rangordnung und wenden Sie ruhig ein wenig Gewalt an, wenn die Umstände es erfordern. Haben Sie bloß keine Scheu, sich (auch) als Machiavellistin zu gerieren!

Schritt 6. »Ob ein Mann mir seinen Platz in der Straßenbahn anbietet, das ist mir egal, er soll mir einen Platz in seinem Aufsichtsrat anbieten.«[176] Lassen Sie diesen Satz auf sich wirken. Er stammt von Katharina »Käte« Ahlmann (1890–1963), einer Frau, die dank ihrer Unbeirrbarkeit und ihres Pragmatismus Leiterin des größten norddeutschen Stahlwerks wurde, Herrscherin über Tausende von Arbeitern. 1931 übernimmt sie nach dem Tod ihres Mannes dessen Firmenanteile an der Carlshütte, des ältesten Industriebetriebs Schleswig-Holsteins. Auch ohne Frauenquote bringt Käte Erstaunliches zuwege: Sie erringt ihren Aufsichtsratsposten und macht mit allen Herren kurzen Prozess, die ihre Mitsprache bei den wirklich wichtigen Entscheidungen verhindern wollen; sie gründet die »Vereinigung von Unternehmerinnen« (heute »VdU – Verband deutscher Unternehmerinnen«); sie unterstützt weibliche Ingenieurstalente und fungiert als Mentorin unter anderem für ihre

Enkelin, die sie früh ans öffentliche Reden gewöhnt. Während des Dritten Reichs kehrt sie ihre schlechteste machiavellistische Seite hervor: Sie tritt aus opportunistischen Gründen der NSDAP bei, beschäftigt Zwangsarbeiterinnen, sorgt aber immerhin – wider die Zustimmung der NS-Offiziellen – für eine anständige Ernährung und medizinische (gynäkologische) Versorgung ihrer Beschäftigten. In den 1950er-Jahren wird sie eine der mächtigsten Unternehmerinnen Deutschlands. Ein Foto von 1957 zeigt Käte auf einem internationalen Kongress: Sie steht auf einem Schemel, um sie ein Kreis von Unternehmerinnen – sowie, mit hochgerecktem Hals, der ehemalige Wirtschaftsminister Ludwig Erhard.[177] Nach Kätes Tod beginnt der Niedergang der Carlshütte; auf die Insolvenz folgt der Abriss ihres Hauses. Heute steht auf ihrem Grundstück eine Eiche, gepflanzt von Angela Merkel höchstpersönlich.

Auch wenn – und gerade weil! – Sie es anders als Käte Ahlmann (noch) nicht in einen Aufsichtsrat geschafft haben, nicht wie sie vierfache Mutter sind und über eine mehrere Oktaven umfassende Stimme verfügen, die sich für Hauskonzerte eignet: Hier ist eine Topfrau der Sonderkategorie, an der Sie sich orientieren können: keine perfekte, moralisch makellose Frau (→ Kap. 11), aber eine, die Realismus und Idealismus, den Mut zum Wagnis und die Liebe zur Vision in bester Weise verband. Und übrigens, wenn Sie in Ihrer Kleiderwahl unsicher sind: Kätes Dresscode waren weite Röcke und große Hüte.

*»Es gibt einen besonderen Platz in der Hölle
für Frauen, die anderen Frauen nicht helfen.«*

MADELEINE ALBRIGHT

11 Der Glaube, Frauen wären das moralischere und deshalb machtlosere Geschlecht[178]

Männer bestimmen, was auf dieser Welt geschieht. Sie dominieren den G7-Gipfel, führen Kriege und okkupieren die Vorstandsposten der DAX-30-Unternehmen. Ein kurzer Blick in die Geschichtsbücher genügt, um festzustellen: Der Mann ist eine Bestie. Wären die *Lehman Brothers* nur eine Unterabteilung der *Lehman Sisters* gewesen, hätte es nie eine globale Finanzkrise gegeben. *Frauen* sollten überall an der Spitze stehen! Denn: Sind wir nicht irgendwie das moralischere Geschlecht? Die Neurobiologie hat doch bewiesen, dass wir eine durchschnittlich größere Empathie-, Kommunikations- und Kooperationsfähigkeit als Männer besitzen! Als gesichert gilt jedenfalls, dass wir im Unterschied zum testosterongesteuerten Mann von Natur aus über ein Mehr an Oxytocin verfügen, einem Hormon, das einfühlsames und vertrauensvolles Verhalten befördert. Woraus man folgern könnte: Frauen sind die geborenen Pazifistinnen, Förderinnen einer gewaltfreien Welt! Oder? Hat nicht auch der britische »Unternehmensphilosoph« Roger Steare mit seinem »moralischen DNA-Test« herausgefunden: Die Moral ist weiblich – weil Frauen eindeutig ehrlicher, einfühlsamer, gemeinschaftsbezogener sind als Männer?[179]

Doch ganz so einfach ist die Sache nicht. Wenn wir versuchen, Moralität rein biologisch, aus einem bloßen *Sein* heraus zu begründen, machen wir uns eines naturalistischen Fehlschlusses[180] schuldig: Wir vertreten dann streng genommen einen vormoralischen (oder pseudomoralischen) Moralbegriff. Denn Fähigkeiten wie Empathie und Kooperation mögen zwar das Zusammenleben der Menschen erleichtern, sie beinhalten aber keine Normativität, kein verbindliches *Sollen*. Wenn sich eine Frau einfühlsamer zeigt als ein Mann, heißt das ja noch nicht, dass sie sich damit automatisch auch zu einer Moral der Einfühlsamkeit verpflichtet. Ein Schafspelz ist zwar weich und kuschelig, aber noch kein Ausweis für Tugendhaftigkeit.

Was ist eine Frau? Wenn man herausfinden will, was dieses hochkomplexe Lebewesen ausmacht, reicht es nicht, Neurone und Hormone unter die Lupe zu nehmen. Entscheidend für die Definition von »Frau« sind neben der Biologie, einer speziellen körperlichen Ausstattung, der Fähigkeit, Kinder zu gebären, stets auch kulturelle Normen (→ Kap. 9) und Konventionen, die Frausein und Mannsein, Weiblichkeit und Männlichkeit voneinander abgrenzen. Einfühlsamkeit, Sensibilität oder Sozialkompetenz sind einerseits genetisch verankerte Fähigkeiten – andererseits geschlechtsspezifische Stereotype (→ Kap. 8), mit denen sich spezielle Rollenerwartungen verbinden. Neurobiologische Experimente können zweifellos viele nützliche Informationen über das menschliche Gehirn zutage fördern; dienen sie aber bloß dazu, weibliche Stereotype zu bestätigen, produzieren sie nichts als »Neurosexismus« – so die französische Hirnforscherin Catherine Vidal, die die (moralischen) Unterschiede zwischen den Geschlechtern mehr für gesellschaftlich konstruiert als biologisch determiniert hält.[181] Tatsächlich scheinen Geschlechterklischees in der Forschung eine ebenso große Rolle zu spielen wie in anderen Bereichen. Laut der kanadischen Psychologin und Neurowissenschaftlerin Cordelia Fine sind jedenfalls viele moderne Forschungsergebnisse mit Vorsicht zu genießen: »Die größten Unterschiede zwischen Mann und Frau gibt es, was die Häufigkeit von Masturbation betrifft, die Wurfweite und die Einstellung zu Gelegenheitssex.«[182]

Die gute Frau und der böse Mann

Philosophisch gesehen ist die These, Frauen seien im Vergleich zu Männern moralisch hochwertiger, immer auch ein Versuch, die orthodoxe, männlich geprägte, jahrtausendelang dominante Gegenthese außer Kraft zu setzen. Von Aristoteles (»Die Frau ist ein verfehlter Mann«) bis Immanuel Kant (»Die Weltweisheit der Frauen ist nicht Vernünfteln, sondern Empfinden«), von Arthur Schopenhauer bis Emil Cioran wurde schließlich stets eisern behauptet, Frauen wären entweder moralisch unreif oder geistig unterbelichtet.[183] Moralische Fragen, die das weibliche Gemüt bewegten, erklärte man kurzerhand für trivial und »idiotisch« (vom altgriechischen Wort *idiotes* für »Privatperson«). Dieser Dogmatismus ging auch an weiblichen Intellektuellen nicht spurlos vorüber – auch nicht an der britischen Philosophin Mary Wollstonecraft (→ Kap. 4), die die »wahre menschliche Moralität« als eher männlich einschätzte und ihren Geschlechtsgenossinnen folglich riet, sich eine kritische Rationalität anzueignen, die männlichen Denk- und Verhaltensweisen förderlich ist.[184]

Ab dem 19. Jahrhundert kristallisieren sich verschiedene Strömungen feministischer Ethik heraus, die die weibliche Moralität mit der männlichen entweder gleichsetzen oder sie als höherrangig einstufen. Ihre gemeinsame Prämisse lautet bis heute: Je autonomer das Selbst, desto unmoralischer, je bezogener auf andere, desto moralischer. Dies gilt auch für das Standardwerk des sogenannten Care- (»Sorge«)-Feminismus *Die andere Stimme*[185] der amerikanischen Psychologin und Moralphilosophin Carol Gilligan (*1936). Gilligan plädiert dafür, die konkrete, partikuläre Sorge für andere – die das Moralbewusstsein der Frau immer schon regiere – zur Grundlage ethischer Entscheidungen zu machen, und nicht irgendwelche abstrakt-universelle Prinzipien einer (männlichen) »Gerechtigkeitsmoral«. Im Unterschied zum traditionellen Feminismus geht es der *Care*-Ethik nicht einfach nur um Gleichberechtigung, sondern auch darum, die Vorbildfunktion und gesamtgesellschaftliche Bedeutung sorgenden Hausfrauen- und Mutterseins hervorzuheben: Frauen *und* Männer sollen sich als soziale Wesen, als ein Wir gerieren! Männer sollen *wie* Frauen sein, damit Kinderbetreuung, Abwasch und Müllentsorgung zu einer geschlechtsübergreifenden humanen Mission werden können!

Die Ethik der Sorge war und ist nicht nur in feministischen Kreisen bedeutsam. Sie bietet gute Argumente für alle, die genug haben von der archaischen Rollenaufteilung und sich ein egalitäres Familienmodell wünschen – laut einer Studie des Bundesinstituts für Bevölkerungsforschung von 2013 sind dies über 90 Prozent der 20- bis 39-jährigen Deutschen. Auch im Businesskontext ist Gilligan populär; zumindest in lexikalischer Hinsicht: Im Zeitalter globaler Vernetztheit, in der es schon allein aus wirtschaftlichen Gründen zum guten Ton gehört, sich einfühlsam, wertschätzend und sorgend zu verhalten, ist das Vokabular der vorgeblich weiblichen Moral unverzichtbar geworden. Das Idiom der Sorge schwebt gleichsam über jeder Personalentwicklungsmaßnahme, die das Label »fortschrittlich« für sich beanspruchen möchte. Es soll Führungskräfte und Mitarbeiter dazu bewegen, ihre Soft Skills zu pflegen und ihre emotionale Intelligenz zu steigern, sich empathischer, konsensorientierter, aggressionsgehemmter, wertschätzender und achtsamer zu zeigen. Es infiltriert Management-Lehrbücher wie die *Essentials of Contemporary Management*[186], in denen es in *Care*-Ethik-typischer Weise um wechselseitige Ermächtigung geht, Ansprechbarkeit und flache Hierarchien, die laut Autoren die Kommunikation auf allen Ebenen erleichtern.

Leider hat der Siegeszug weiblich besetzter Vokabeln bisher nicht viel dazu beigetragen, diese Welt in einen friedlicheren Ort zu verwandeln. Noch ist eher selten zu beobachten, dass Mann und Frau sich gleichermaßen »mütterlich« ihrem Nachwuchs widmen und Karrieristen beiderlei Geschlechts händchenhaltend den verfügbaren Spitzenpositionen entgegenschreiten. Seit *diversity* großgeschrieben wird, seit Großkonzerne und öffentliche Arbeitgeber dazu übergegangen sind, den sorgenden Worten Taten folgen zu lassen und Führungsposten gezielt mit Frauen zu besetzen, macht sich männliches Unbehagen breit. Laut einer Studie des Instituts für Demoskopie Allensbach von 2013 haben sich 41 Prozent aller deutschen Männer schon einmal benachteiligt gefühlt, 64 Prozent sind der Meinung, es reiche nun mit der Gleichberechtigung.[187] Ambitionierte Frauen dagegen empfinden die weibliche Rhetorik genau wie den Medienhype um die Frauenquote als Feigenblatt, das bloß dazu dient, die nach wie vor vorhandene »gläserne Decke« zu kaschieren – sind sie doch immer noch die Hauptleidtragenden beruflicher Diskriminierung (erst recht, wenn sie Mutter werden). Solange weibliche Führungskräfte explizit mit »weiblich« etikettiert werden müssen, mahnt etwa

Facebook-COO Sheryl Sandberg, werde die Zahl der Top-frauen nicht steigen, bleibe »Geschäftsführer« eine männliche Norm.[188]

Wie man Macht und Moral erfolgreich verbindet

Kein Zweifel: Im dritten Jahrtausend nach Christus sollte es Frauen *wie* Männern offenstehen, nicht nur Kinder zu haben, sondern auch, eine große Karriere hinzulegen. Aber sollte es das, weil wir das moralischere Geschlecht sind? Diese Frage ist nicht nur irreführend, sondern auch gefährlich. Sie ist irreführend, weil sie uns weismacht, das Verhältnis zwischen Mann und Frau beruhe auf dem Gegensatz »moralisch versus unmoralisch« statt auf bestimmten (möglichweise minimalen) Unterschieden. Und sie ist gefährlich, weil sie die zweiwertige Logik (»männlich« *oder* »weiblich«, »gut« *oder* »schlecht«) zementiert, anstatt sie aufzubrechen – ebenso wie die soziokulturellen Normen und Klischees, die damit einhergehen. Jeder Versuch, anstelle der männlichen Normalität die weibliche zu setzen, ist nicht progressiv, sondern dogmatisch. Wenn sich an den Machtverhältnissen etwas ändern soll, müssen wir schon etwas intelligenter und fantasievoller vorgehen.

Welche konkreten Beweise für eine spezifisch weibliche Moralität liegen überhaupt vor? Dass die moderne Frau tendenziell sensibler und fürsorglicher ist als der moderne Mann, heißt noch lange nicht, dass sie sich in moralisch herausragender Weise verhält (→ Kap. 8). Nicht hinter jedem Schafspelz steckt das Gute, Unschuldige, besonders nicht in den oberen Etagen eines Konzerns. Dort ist von weiblicher Solidarität wenig zu spüren – aber viel von Intrigen und Boshaftigkeit. So manche (aufstrebende) Spitzenfrau mobbt mögliche Konkurrentinnen einfach weg. Das »Bienenköniginnen-Syndrom« *(queen bee syndrome),* wie es in der Psychologie und Genderforschung heißt, ist in der Unternehmenslandschaft weitverbreitet.[189] Hat sich die moderne Frau dort einmal nach oben gekämpft, kann es auch sein, dass sie Diskriminierungen gegenüber anderen Frauen nicht mehr wahrnimmt und folglich toleriert.[190] Sie ist also nicht immer ein gut meinendes, aber benachteiligtes Opfer sexistischer (Unternehmens-)Politik. Sie kann, indem sie die Perspektiven männlicher Vorgesetzter oder Kollegen (unbewusst) übernimmt, auch zur Täterin werden.

Noch ist das von *Care*-Ethikerinnen beschworene und von Rhetorikspezialisten in die Welt getragene sorgende Wir eine Illusion. Weil in der Wirtschaft immer noch männliche Entscheidungsträger dominieren; weil die Identitäten der Geschlechter – innerhalb und außerhalb der Konzerne – immer noch entlang eines biologischen und kulturellen Entweder-oder-Grabens konstruiert werden. Entweder Schnurrbart oder Pumps. Entweder Bier oder Prosecco. Entweder machtbesessen oder moralisch. Entweder Vorstand oder gläserne Decke …

Wenn wir an dieser Sachlage etwas ändern wollen, müssen wir zuerst uns selbst ändern. Unsere *eigenen* Vorurteile ablegen. Nicht nur die gegenüber Männern und Frauen, auch die gegenüber Macht und Moral. Macht lässt sich nicht auf »böse« reduzieren, so wenig wie Moral auf »gut«. Mächtige Menschen können Gutes bewirken – und moralische Menschen Schlechtes (→ Kap. 10). »Gut« kann vieles sein: eine Frau, ein Mann, ein Vertrag, eine Idee. Nicht alles, was wir als »gut« bezeichnen, ist auch tatsächlich, im echten, moralischen Sinne »schlechthin« gut, wie der deutsche Philosoph Otfried Höffe (*1943) erklärt. Es gilt, drei Bedeutungsebenen zu unterscheiden: Auf der untersten Stufe steht das, was wir »fachlich« oder »technisch gut« nennen. Das, was als »gut für jemanden oder etwas« (eine Person oder Organisation) gelten kann, wo es also um pragmatische Bewertungen geht, belegt die mittlere Stufe. Die höchste Stufe erreicht nur das »schlechthin Gute«: die Nächstenliebe und andere Tugenden, die mit Kosten-Nutzen-Kalkülen nichts zu tun haben.[191]

Wir sind alle keine Engel. Im Alltag dümpeln wir meist auf der mittleren Stufe vor uns hin, selten strecken wir unsere Fühler ganz nach oben aus. Keine von uns ist »schlechthin gut«, so wie keine von uns »schlechthin« ohnmächtig ist. Wir alle haben Machtinteressen. Wir wollen keine Schafe sein, sondern respektiert, gemocht, geliebt werden. Wir wollen das, was (fast) alle wollen: einen guten Job oder eine glückliche Familie oder beides. Oder alles! Wir wollen ganz schön viel (manchmal ohne es zu wissen), und wir tun viel, um es zu kriegen. Leider wenden wir dabei oft die falsche Strategie an. Wir setzen unsere Ansprüche an uns selbst auf 100 Prozent, vergleichen und beäugen einander: die Topfrau die Topfrau, die Perfektionistin die Perfektionistin, die daheimgebliebene Mutter die *working mom,* die *working mom* die daheimgebliebene Mutter, die Single-Frau die verheiratete Frau, die verheiratete Frau die Single-Frau, die Konformistin die Rebellin, die Rebellin die Konformistin, die Alt-Feministin die Jung-Bloggerin, die Jung-Bloggerin die Alt-Feministin ... Wir halten uns zu sehr damit auf, einander zu zeigen, dass wir selbst es am richtigsten machen, dass unsere eigene Lebensform die beste ist – statt voneinander zu lernen. Wir sollten nicht wetteifern, wer die Erfolgreichste, Schönste, Fleißigste, Glücklichste ist, sondern dazu beizutragen, dass *jede* von uns ein Leben hat, das sie selbst erfüllt. Dazu brauchen wir beides: Macht *und* Moral. Solange wir unter »Machteinwirkung« Selbstoptimierung[192] verstehen, werkeln wir einsam vor uns hin. Wir engagieren uns aneinander vorbei. »*Macht* entspricht der menschlichen Fähigkeit, nicht nur zu handeln oder etwas zu tun, sondern sich mit anderen zusammenzuschließen und im Einvernehmen mit ihnen zu handeln«, schreibt Hannah Arendt (→ Kap. 8) in ihrem Buch *Macht und Gewalt*. »Über Macht verfügt niemals ein Einzelner; sie ist im Besitz einer Gruppe und bleibt nur so lange existent, als die Gruppe zusammenhält.«[193] Das sollte uns zu denken geben …

Niemand außer uns selbst kann uns zwingen, auf der mittleren Stufe des Guten zu verharren, wo nur die Sorge um das Eigene zählt: »Was bringt das? Für *mich*, *mein* Unternehmen, *meine* Karriere, *meine* Familie?« Wir sind frei, den Aufstieg auch zur höchsten Stufe zu wagen – zu einem Guten, das die Welt tatsächlich zum Besseren verändert. Ob das uneingeschränkt Gute, das für *alle* Menschen und Geschlechter gut ist, eine Vision bleiben muss, können wir nur herausfinden, wenn wir versuchen, es zu realisieren. Auch dazu brauchen wir Macht, eine grenzüberschreitende »wilde Macht, die über die jeweiligen Ordnungsgrenzen hinaustreibt«, wie der deutsche Philosoph Bernhard Waldenfels (*1934) schreibt,[194] weil sie sich weigert, auf bestimmte Positionen, Rollen, Normen, Konventionen beschränkt zu bleiben. Das individuelle Streben nach Glück und Erfolg – das auf die philosophische Aufklärung des 18. Jahrhunderts zurückgeht (→ Kap. 7), wird weiter jede Menge Konkurrenzdenken und Machtkämpfe provozieren. Zwischen Frau und Mann, Frau und Frau, Mann und Mann. Was wir brauchen, ist ein neues, ideologiefreies Wir, ein »singulär-plurales Mit-einander-sein«, das dem jeweils anderen Rechnung trägt, ohne es zu vereinnahmen; dessen Einheit in der Vielheit besteht.[195] Wir müssen das weibliche Wir entkrampfen, es zu einem offeneren, lernfähigeren Miteinander machen. Es geht darum, uns über unsere jeweilige Lebensform auszutauschen, wechselseitige Vorurteile abzulegen und herauszufinden, wie viele Missverständnisse, Unverständnisse, Kränkungen und Zweifel unser Wir fassen kann. Und das geht nur mit *gegenseitigem Respekt.*

Das künftige weibliche Wir sollte der Entwicklung des männlichen nicht feindlich, sondern neugierig gegenüberstehen. Was wir brauchen, ist kein starres Entweder-oder der Geschlechter, sondern ein flexibles Sowohl-als-auch. Wir sollten uns fantasievollere Möglichkeiten überlegen, wie wir als Frauen und Männer zusammenleben können. Besser als der Glaube an die sagenhafte weibliche Moral oder die legendäre männliche Macht ist das Wissen um die Komplexität des Menschen. Besser als Konformismus ist Mut: ein gewisser *strategischer Nonkonformismus* im Denken und Handeln, der sich von Normen, Konventionen, Stereotypen nicht mehr als nötig beeindrucken lässt.

»Wir« sind viele. Spitzenfrauen, Mütter, alleinerziehende Mütter, *working moms,* Single-Frauen, Frauen mit und ohne Schnurrbart. Wir sind so verschieden, so unterschiedlich wie die Männer. Genauso gut – und genauso mächtig.

Philosophisches Machtmittel Nr. 11:
Den strategischen Nonkonformismus kultivieren

Wenn Sie dieses Buch bis hierher gelesen haben und Ihre Lust am kritischen Denken eher zu- als abgenommen hat, steht Ihrem Glück nichts mehr im Wege. Sie kennen nun zehn Machtmittel, die Ihnen helfen, Ihre Gefühle der Ohnmacht abzulegen, sich aus der Selbstversklavung zu befreien, die Abhängigkeit von anderen abzuschütteln, Ihre eigene Herrin zu sein und Großes in Bewegung zu setzen. Jetzt ist es Zeit, Ihresgleichen von Ihrem Können profitieren zu lassen – es mit anderen Frauen zu *teilen*. Oder was wollen Sie sonst mit Ihrer Macht anfangen? Sie können eine noch so hohe Führungsposition bekleiden: Solange Sie Ihre *Potenz*-iale für mindere Ziele verschenken, wird sich nichts ändern. Starten Sie also Ihre ganz persönliche Revolution. Üben Sie sich im *strategischen Nonkonformismus*: Betrachten Sie sich selbst und Ihre Rolle(n) aus kritischer Distanz; begnügen Sie sich nicht mit einer wie immer definierten Normalität; haben Sie Mut, über den Tellerrand zu blicken; sagen Sie Dummheit und Durchschnittlichkeit den Kampf an; tun Sie Gutes, egal, was es »bringt«. Sie sitzen immer noch allein am Küchentisch, vor sich ein paar klägliche Schokoladenreste (→ Kap. 1)? Nun ist es aber genug! Wenn Sie fürchten, neben Ihren vielen Aufgaben und Pflichten keine Zeit zu finden, um die Welt zu verändern, lesen Sie Kapitel 3 einfach noch mal. Sie haben eine 70-Stunden-Woche hinter sich, sind schon wieder auf dem Sprung und fühlen sich kraftlos? Besorgen Sie sich ein paar hochwertige Energieriegel und beschränken Sie Ihr Gepäck auf das Nötigste. Ihre Zahnbürste, Ihr Herz und Ihr Hirn: Recht viel mehr brauchen Sie sowieso nicht, um die Welt zu verändern. Und jetzt jetten Sie schon los! Ob Zürich, New York, Shanghai – wo immer Sie die nächste feindliche Übernahme planen: Tragen Sie bitte auch zum Erstarken der globalen *sisterhood* bei.

Schritt 1. »Es steht fest, dass es Frauen gibt, deren Gehirn ebenso groß ist wie das irgendeines Mannes«, schrieb John Stuart Mill (→ Kap. 9). Heute wissen wir, dass wir nicht nur

genauso klug, sondern auch genauso unmoralisch sein können wie Männer. Wer etwas anderes behauptet, klebt an
überkommenen Rollenbildern. Wie steht es mit Ihnen? Wann
haben Sie Ihre Vorstellungen vom weiblichen Geschlecht zuletzt überprüft? Schreiben Sie einen kleinen Essay zu folgenden Fragen: Was macht *Sie* zur Frau? Sind Sie »von Natur
aus« weiblich oder sind kulturelle Normen dafür verantwortlich, dass Sie als »Frau« durchs Leben gehen? Welche
Bedeutung hat Ihre Erziehung und Ihre Identifikation mit
bestimmten geschlechtsspezifischen (Un-)Werten wie Empathie, Emotionalität oder Nachgiebigkeit? Kommt es in
bestimmten Situationen auch vor, dass Sie sich gar nicht als
Frau fühlen, sondern als Mann – oder einfach als *Mensch?*
     Philosophieren Sie mit anderen Frauen über Ihre Thesen.
Finden Sie gemeinsam heraus, ob es überhaupt eine Definition von Frau gibt, der alle zustimmen können, und
wenn ja, wozu diese *gut* sein könnte. Wenn Sie möchten,
können Sie Ihren Essay gern auch an die Autorin schicken
(info@philosophyworks.de).

Schritt 2. Eine (Unternehmens-)Kultur der Anerkennung
und Wertschätzung ist zu oft mehr Wunsch als Wirklichkeit. Oft ist die Erwartung, respektvoll behandelt zu werden, größer als die Bereitschaft, selbst Respekt zu zollen –
besonders unter ambitionierten Frauen. Aus Angst, das hart
Erkämpfte zu verlieren, zu kurz zu kommen, beißen wir
einander weg. Sie haben so etwas noch nie erlebt? Dann
werfen Sie jetzt bitte ein paar lebende Krabben in einen
Topf mit kochendem Wasser … Wie Sie sehen, schafft es
kein einziges dieser verzweifelten Tiere, nach oben, in Richtung Topfrand zu klettern. Die Krabben hindern einander
gegenseitig am Aufstieg. Sie ermorden sich wechselweise.
Wenn Sie nicht irgendwann als tote Krabbe enden wollen,

sollten Sie Ihren Geschlechtsgenossinnen die Angst nehmen. Leben Sie Ihnen respektvolles, solidarisches, *würdevolles* Verhalten vor. Bedenken Sie: Viele Frauen haben bis heute nicht gelernt, was es heißt, sich selbst in ihrem Wert und ihrer Würde zu achten. Wenn Sie anderen Frauen helfen wollen, empfehlen Sie ihnen Immanuel Kant, für den Würde ein Wert war, »der keinen Preis hat, kein Äquivalent, wogegen das Objekt der Wertschätzung ausgetauscht werden kann« (→ Kap. 6). Eine Frau, die sich ihres Werts bewusst ist, kann sich die Angst vor anderen Frauen sparen. Sie empfindet sich vielleicht als Ziel, doch nie als Opfer weiblicher Konkurrenz – der Opferstatus (→ Kap. 1) ist mit ihrem unschätzbaren Wert einfach inkompatibel.

MERKE: Nicht respektloses Verhalten führt nach »oben« – sondern die Bereitschaft, mit Hirn und Herz zu handeln und niemals unter seinem Niveau zu leben, weder geistig noch moralisch. Das Bewusstsein von der eigenen Würde ist das beste Mittel gegen das Bienenköniginnen-Syndrom.

Schritt 3. Entscheiden Sie, wie Ihre Zukunft aussehen soll. Wenn Sie sich den Kopf an der gläsernen Decke schon wund gestoßen haben und Ihren Job am liebsten hinschmeißen würden, weil Sie bezweifeln, dass sich an der Dominanz männlicher Macht noch zu Ihren Lebzeiten etwas ändert, zögern Sie nicht lange. Entscheiden Sie, wo Sie Ihr Leben verbringen möchten (es ist schließlich *Ihres*): im Unternehmen – oder außerhalb. Die Welt ist groß und weit. Es gibt Orte, an denen die männliche Norm unerheblich ist. Zum Beispiel das Internet. Auch hier können Ihnen natürlich unangenehme männliche Duftmarken begegnen (zum Beispiel misogyne »Shitstormer«). Ansonsten ist das World Wide Web ein Terrain, wo es völlig egal ist, woher Sie kommen, wie alt Sie sind, welchem Geschlecht Sie angehören; eines, das Ihnen nicht nur die Möglichkeit gibt, zu experimentieren (→ Kap. 4), sondern auch *gesehen, gehört, ernst genommen, mächtig* zu werden. Wenn Ihnen das Essayschreiben (s. Schritt 1) leicht von der Hand ging, sollten Sie dafür sorgen, dass noch mehr Leute von Ihren Ideen und Ihrer Expertise erfahren. Betätigen Sie sich als Onlineaktivistin.[196] Denken Sie groß, folgen Sie Ihrer Leidenschaft (→ Kap. 10). Tun Sie das, was Ihnen Spaß macht, und setzen Sie damit Dinge in Bewegung. Starten Sie eine Kampagne oder Petition, sammeln Sie Unterschriften, lassen Sie sich unterstützen. Investieren Sie, gründen Sie eine Organisation: Die »Internationale Föderation machtwilliger Nonkonformistinnen«, die »Gesellschaft für Norm-Hinterfragerinnen«, die »Allianz für ein bunt schillerndes Wir« oder die »Erste Liga zur Zuschüttung des Mann-Frau-Grabens«. Da haben Sie aber viel bessere Ideen? Bitte sehr. Sie sind am Zug.

Schritt 4. Auch wenn Sie sich von den Strukturen, in denen Sie arbeiten und leben, nicht trennen wollen: Beschränken Sie Ihre Moral nicht auf das Pragmatisch-Gute. Noch wichtiger als Ihre Karriere und Ihr Gehalt ist die Frage, welche Spuren Sie auf diesem Planeten hinterlassen wollen. Die Obsession unserer Gesellschaft mit »Erfolg« hat viel mit Geld-Wert, aber wenig mit dem gelungenen Leben zu tun. »Gut« leben heißt noch nicht sinnvoll leben. Prüfen Sie, wie sich Ihre Nächstenliebe und Ihr Nutzwertdenken zueinander verhalten. Versuchen Sie, wann immer möglich, »schlechthin« Gutes (Höffe) unter die Menschheit zu bringen. Tragen Sie zu einem neuen Wir bei: Zeigen Sie Unvoreingenommenheit und Toleranz gegenüber Frauen, die anders sind und anders leben als Sie. Erkennen Sie die Leistungen von Hausfrauen und Lesben (oder auf wen Sie sonst heimlich herabblicken) an. Verurteilen Sie alleinerziehende Mütter nicht, sehen Sie sie lieber als Heldinnen an. Und loben Sie auch die Männer. Zwar können sie sich immer noch nicht richtig in uns einfühlen und beeindrucken immer noch durch steinzeitliches Gebaren. Sie können böse, gewalttätig, unvernünftig, neben der Spur sein – mitunter sind sie aber auch genial. Zum männlichen Geschlecht gehören schließlich nicht nur Hitler, Jack the Ripper und Jeffrey Dahmer, sondern auch Mozart, Alexander Graham Bell und Martin Luther King. Männer sind verrückt, extrem schlecht und extrem gut. Leider … und Gott sei Dank. Hätte die Entwicklung der Zivilisation ausschließlich in (weniger extremen) weiblichen Händen gelegen, würden wir womöglich immer noch in Grashütten hausen – wie die amerikanische Kulturkritikerin Camille Paglia treffend bemerkt.[197]

Egal, in welchem Umfeld Sie tätig sind: Sorgen Sie für ein Wir, das auf Vielfalt, nicht auf Ideologie gründet. Gehen Sie auf die Menschen zu, hören Sie sich an, was sie zu sagen haben, und lernen Sie daraus. Übrigens: Wer immer Ihnen begegnet, muss weder ein Mann noch eine Frau sein.

Schritt 5. Wenden Sie sich der Zukunft zu. Seien Sie kein artiges Mädchen mehr. Werden Sie mutig und mächtig. Und vielleicht auch berühmt – wie die französische Künstlerin Valentine de Saint-Point (1875–1953), die ein ziemlich wildes Leben führte – nicht eines, viele. Mit 18 Jahren heiratet Valentine einen sehr viel älteren Lehrer, mit 24 wird sie Witwe. Sie geht nach Paris, wo sie einen literarischen Salon gründet, Gedichte und Theaterstücke schreibt, an spiritistischen Sitzungen teilnimmt und bald auch als Malerin anerkannt ist. Während des Krieges arbeitet sie beim Roten Kreuz und als Sekretärin des französischen Bildhauers Auguste Rodin. 1916 geht sie für zwei Jahre nach Amerika, dann reist sie nach Marokko. Sie konvertiert zum Islam, zieht nach Ägypten, sagt dem europäischen Imperialismus den Kampf an und engagiert sich schriftstellerisch und politisch für Muslime und Araber. Ihre weiteren Leidenschaften sind die Meditation und die Akupunktur.

Valentines *Manifest der futuristischen Frau* (1912) ist die Antwort auf das berühmte – frauenfeindliche – »Futuristische Manifest« des Avantgarde-Künstlers Filippo Tommaso Marinetti, das zwei Jahre zuvor erschien.[198] Der Futurismus, den Marinetti in seiner Schrift ehrt, steht für eine wilde Mischung aus Zukunftsverherrlichung, Technikeuphorie, Anarchismus, Patriotismus, Militarismus und Faschismus. Marinetti ist für den Krieg, die Geschwindigkeit und die Lokomotiven – und gegen die Frauen. Valentine ist weniger dogmatisch, aber auch viel widersprüchlicher in ihren Aussagen. »Die meisten Frauen sind den meisten Männern weder überlegen noch unterlegen«, schreibt sie, die den Feminismus als einen »Gehirnfehler« bezeichnet. Erst hält sie es für »*absurd, die Menschheit in Frauen und Männer einzuteilen*«. Sie sieht die Frau, der keine Rolle, »keine Wandlung fremd sein« darf, als, Furie *und* Amazone, Kleopatra *und* Jeanne d'Arc, Pflegerin *und* Kriegerin. Dann wieder feiert sie Virilität und männlichen Heroismus und ruft die Frauen auf, sich als (Söhne gebärende) Mütter und Geliebte zu bewähren.

Valentine de Saint-Point stilisierte die moderne Frau zur nietzscheanischen »Überfrau«, die mit 300 Stundenkilometern über weibliche Stereotype hinwegbrettert – allerdings mit angezogener Handbremse. Aus ihrer Schrift geht nicht klar hervor, ob Frauen (wie) Männer werden oder ihnen dienen sollen. Als Nonkonformistin weigerte sich Valentine, in eine Schublade gesteckt zu werden – sie wollte einfach die Welt verändern. Wollen Sie das nicht auch?

Es ist so weit. Verfassen Sie nun Ihr eigenes Manifest: »*Das Manifest der mächtigen Frau*«. Hängen Sie es sich über Ihr Bett. Es wird Sie täglich daran erinnern, wofür es sich zu kämpfen lohnt.

Epilog: Die Botschaft eines Schaumstoff-Stars

Es war einmal ein Ferkelmädchen aus Schaumstoff, das auf einer Farm in Iowa im Mittleren Westen der USA aufwuchs. Sein Vater war ein (richtiges!) Schwein, das ständig anderen Säuen hinterherrannte, während die Mutter sich daheim mit den Kindern plagte. Das Ferkelmädchen war anders als seine Geschwister – es wollte eine würdige Existenz. Also nahm es sein Leben in die Hand, jobbte als Handschuhverkäuferin und trat in einem Werbespot für Schinken auf. Dann wurde das Ferkelmädchen fürs Fernsehen entdeckt. Es konnte eine Nebenrolle in der Unterhaltungssendung *Die Muppet Show* ergattern. Aus der Nebenrolle wurde eine Hauptrolle und aus dem Ferkelmädchen ein Star.

2015, nach 40 Jahren im Showbusiness, erhielt die berühmteste Sau der Welt als eine außergewöhnliche Persönlichkeit, die Geschlechtergrenzen durchbrach und eine der Mächtigsten ihrer Branche wurde, den Sackler-Center-Preis des Brooklyn Museums in New York.

Das ist ihre Botschaft:

»Bemitleidet euch nicht selbst, Mädels. Liebt euch selbst und die Welt wird euch lieben. Und wenn ihr euch nicht lieben könnt, dann liebt erst mal mich und macht von da aus weiter.«[199]

Miss Piggy. Entertainerin, Modeikone, Bestsellerautorin und Feministin mit großer Schwäche für einen Filzfrosch.[200]

Literaturverzeichnis

Inspirierende, lesbare und dennoch substanzielle Werke, die jede philosophisch, soziologisch und literarisch interessierte machtwillige Frau im Regal haben sollte, sind mit * gekennzeichnet.

Annerl, Charlotte et al., »Wie können Frauen in der Philosophie gefördert werden? Stellungnahmen von Charlotte Annerl, Rebecca Gutwald, Hilge Landweer und Mari Mikkola« in: *Information Philosophie* 2/2015.

*Anter, Andreas, *Theorien der Macht. Zur Einführung*. Hamburg, 2012.

Arendt, Hannah, *Macht und Gewalt*. München, 1970.

Arendt, Hannah, *Vita activa oder Vom tätigen Leben*. (1958) München, 2002.

Arendt, Hannah, Über das Böse. Eine Vorlesung zu Fragen der Ethik. München, 2007.

Aristoteles, *Über die Zeugung der Geschöpfe*. (4. Jh. v. Chr.) Paderborn 1959.

Aristoteles, *Nikomachische Ethik*. (4. Jh. v. Chr.) Hamburg, 1985.

Aristoteles, *Rhetorik*. (4. Jh. v. Chr.) Stuttgart, 1999.

Aristoteles, *Organon*. (4. Jh. v. Chr.) CreateSpace, 2013.

Aubenque, Pierre, *Der Begriff der Klugheit bei Aristoteles*. (1963) Hamburg, 2013.

Augustinus, *Bekenntnisse*. (397–401 n. Chr.) München, 1997.

Austin, John Langshaw, *Zur Theorie der Sprechakte (How to do Things with Words)*. (1963) Stuttgart, 1986.

Backes, Laura, »Die kümmert sich um Euch« in: *Die Zeit,* 16. April 2015.

Badinter, Elisabeth, *Emilie, Emilie. Weiblicher Lebensentwurf im 18. Jahrhundert.* (1984) München, 1999.

Barth, Ariane, »Mann oder Frau – wählt, was ihr wollt« in: *Der Spiegel* 9/1984.

*Beauvoir, Simone de, *Das andere Geschlecht. Sitte und Sexus der Frau.* (1949) Reinbek, 2000.

Berndt, Christina, »Die Unterschiede sind minimal« in: *Süddeutsche Zeitung,* 23. März 2015.

*Bieri, Peter, *Wie wollen wir leben?* München, 2013.

Brost, Marc und Heinrich Wefing, *Geht alles gar nicht. Warum wir Kinder, Liebe und Karriere nicht vereinbaren können.* Reinbek, 2015.

*Bude, Heinz, *Gesellschaft der Angst.* Hamburg, 2014.

Bund, Kerstin, »Voll Frau, voll Chefin« in: *Die Zeit,* 23. Januar 2014.

Butler, Judith, *Hass spricht. Zur Politik des Performativen.* (1997) Frankfurt am Main, 2006.

de Cervantes, Miguel, *Don Quijote von der Mancha. Teil I und Teil II.* (1605 und 1615) München, 2011.

*Châtelet, Emilie du, *Rede vom Glück.* (1779) Berlin, 1999.

Chu, Chin-Ning, *The Art of War for Women. Sun Tzu's Ultimate Guide to Winning without Confrontation.* New York, 2010.

Cioran, Emil, *Aveux et anathèmes.* Paris, 1987.

Clance, Pauline Rose und Suzanne Ament Imes, »The Impostor Phenomenon in High Achieving Women: Dynamics and Therapeutic Intervention« in: *Psychotherapy: Theory, Research and Practice* 15, no. 3 (1978).

Davidson, Donald, »On the Very Idea of a Conceptual

Scheme« (1973) in: *Post-Analytic Philosophy,* hrsg. John Raichman und Cornel West. New York, 1985.

Deleuze, Gilles, *Differenz und Wiederholung.* (1968) München, 2007.

*Dickinson, Emily, *Sämtliche Gedichte. Zweisprachig.* München, 2015.

Domscheit-Berg, Anke, *Mauern einreißen! Weil ich glaube, dass wir die Welt verändern können.* München, 2014.

Döring, Sabine A., »Allgemeine Einleitung: Philosophie der Gefühle heute« in: Dies., hrsg., *Philosophie der Gefühle.* Frankfurt am Main, 2009.

Dowd, Maureen, *Are Men Necessary? When Sexes Collide.* New York, 2005.

Drexler, Peggy, »The Tyranny of the Queen Bee«, http://www.wsj.com/articles/SB10001424127887323884304578328271526080496 (Zugriff Juli 2015).

Ehrenberg, Alain, *Das erschöpfte Selbst. Depression und Gesellschaft in der Gegenwart.* Frankfurt/New York, 2015.

Ekman, Paul, *Gefühle lesen. Wie Sie Emotionen erkennen und richtig interpretieren.* Berlin, 2010.

Faber, Karl-Georg, »Macht, Gewalt (III)« in: *Geschichtliche Grundbegriffe, Bd. 3,* hrsg. Otto Brunner et al. Stuttgart, 1982.

Foucault, Michel, *Überwachen und Strafen. Die Geburt des Gefängnisses.* (1975) Frankfurt am Main, 1976.

Foucault, Michel, *Ästhetik der Existenz. Schriften zur Lebenskunst.* Frankfurt am Main, 2007.

Fraser, Nancy, »Foucault über die moderne Macht: Empirische Einsichten und normative Unklarheiten« in: Dies., *Widerspenstige Praktiken. Macht, Diskurs, Geschlecht.* Frankfurt am Main, 1994.

*Gerhardt, Volker, *Immanuel Kant. Vernunft und Leben.* Stuttgart, 2002.

Glade, Felicitas, *Käte Ahlmann. Eine Biographie.* Neumünster, 2006.

Goethe, Johann Wolfgang von, *Torquato Tasso. Studienausgabe.* (1790) Stuttgart, 2013.

Giglioli, Daniele, *Critica della vittima. Un esperimento con l'etica.* Rom, 2014.

Gilligan, Carol, *Die andere Stimme. Lebenskonflikte und Moral der Frau.* München, 1999.

*Gleichauf, Ingeborg, *Denken aus Leidenschaft. Acht Philosophinnen und ihr Leben.* München, 2009.

*Göttert, Karl-Heinz, *Mythos Redemacht. Eine andere Geschichte der Rhetorik.* Frankfurt am Main, 2015.

*Greene, Robert, *Power: Die 48 Gesetze der Macht.* München, 2013.

Griffiths, Rudyard, hrsg., *Are Men Obsolete? Camille Paglia & Caitlin Moran vs. Hanna Roisin & Maureen Dowd.* London, 2014.

Günderrode, Karoline von, *Gedichte und Phantasien.* Hamburg, 2012.

Günther, Markus, »Ersatzreligion Liebe« in: *Frankfurter Allgemeine Zeitung,* 25. September 2014.

Haberl, Tobias, »Der Sinn des Lebens ist zu leben« in: *Süddeutsche Zeitung Magazin* Nr. 4, 24. Januar 2014.

Hakim, Catherine, *Erotisches Kapital. Das Geheimnis erfolgreicher Menschen.* Frankfurt am Main/New York, 2011.

Han, Byung-Chul, *Duft der Zeit. Ein philosophischer Essay zur Kunst des Verweilens.* Bielefeld, 2009.

Handke, Peter, *Versuch über die Müdigkeit.* Frankfurt am Main, 1992.

Haslanger, Sally, *Resisting Reality. Social Construction and Social Critique.* Oxford, 2012.

Hegel, Georg Wilhelm Friedrich, *Phänomenologie des Geistes. Werke 3.* (1806/1807) Frankfurt am Main, 1986

Hegel, Georg Wilhelm Friedrich, *Grundlinien der Philosophie des Rechts oder Naturrecht und Staatswissenschaft im Grundrisse. Werke 7.* (1820) Frankfurt am Main, 2007.

Heilman, Madeline E. et al., »Sex Stereotypes: Do They Influence Perceptions of Managers?« in: *Journal of Social Behavior and Personality* 10, no. 6 (1995).

*Highsmith, Patricia, *Ediths Tagebuch.* (1977) Zürich, 2004.

Hobbes, Thomas, *Leviathan.* (1651) Frankfurt am Main, 1984.

*Höffe, Otfried, *Ethik. Eine Einführung.* München, 2013.

Honneth, Axel, *Das Ich im Wir. Studien zur Anerkennungstheorie.* Berlin, 2010.

Horvat, Srećko, »Es herrscht Krise und Europa redet über Mittelfinger« in: *Süddeutsche Zeitung,* 20. März 2015.

Hösle, Vittorio, »Macht und Moral« in: *Ethik und Sozialwissenschaften,* 3/1995.

Illouz, Eva, *Die Errettung der modernen Seele. Therapien, Gefühle und die Kultur der Selbsthilfe.* Frankfurt am Main, 2009.

*Illouz, Eva, *Warum Liebe weh tut. Eine soziologische Erklärung.* Berlin, 2011.

Inzlicht, Michael, *Stereotype Threat. Theory, Process, and Application.* Oxford, 2011.

Jessen, Jens, »Ist Genie männlich?« in: *Die Zeit,* 19. März 2015.

Jones, Gareth R. und Jennifer M. George, *Essentials of Contemporary Management.* New York, 2014.

Jullien, François, Über die Philosophie der Zeit. Elemente einer Philosophie des *Lebens.* (2001) Zürich, 2004.

*Jullien, François, *Vortrag vor Managern über Wirksamkeit und Effizienz in China und im Westen.* Berlin, 2006.

Kant, Immanuel, *Anthropologie in pragmatischer Hinsicht.* (1798) Stuttgart, 1986.

Kant, Immanuel, *Grundlegung zur Metaphysik der Sitten*. (1785) Stuttgart, 1986.

Kant, Immanuel, »Beobachtungen über das Gefühl des Schönen und Erhabenen« in: Ders., *Vorkritische Schriften bis 1768. 2. Werkausgabe Band II*. Frankfurt am Main, 1996.

Kant, Immanuel, »Beantwortung der Frage: Was ist Aufklärung?« (1784) in: Ders., *Was ist Aufklärung? Ausgewählte kleine Schriften*. Hamburg, 1999.

Kastner, Heidi, *Wut. Plädoyer für ein verpöntes Gefühl*. Wien, 2014.

Kelly, Georg, »Bemerkungen zu Hegels ›Herrschaft und Knechtschaft‹« in: *Materialien zu Hegels ›Phänomenologie des Geistes‹*, hrsg. Hans Friedrich Fulda und Dieter Henrich. Frankfurt am Main, 1992.

Krämer, Sybille, *Sprache, Sprechakt, Kommunikation. Sprachtheoretische Positionen des 20. Jahrhunderts*. Frankfurt am Main, 2011

Krämer, Sybille, hrsg., *Ada Lovelace. Die Pionierin der Computertechnik und ihre Nachfolgerinnen*. München, 2015.

Kunze, Anne, »Ada und der Algorithmus« in: *Die Zeit*, 23. Januar 2014.

Lao Tse, *Tao-Te-King*. Zürich, 2010.

Lotter, Maria-Sibylla, *Scham, Schuld, Verantwortung. Über die kulturellen Grundlagen der Moral*. Berlin, 2012.

Luhmann, Niklas, »Klassische Theorie der Macht. Kritik ihrer Prämissen« in: *Zeitschrift für Politik* 16/1969.

Luhmann, Niklas, »Die Knappheit der Zeit und die Vordringlichkeit des Befristeten«, in: Ders., *Politische Planung. Aufsätze zur Soziologie von Politik und Verwaltung*. Opladen, 1994.

Luhmann, Niklas, *Macht*. (1975) Konstanz und München, 2012.

Lührs, Greta, »Schneller, weiter, schöner, gesünder!« in: *Hohe Luft* 3/2015.

*Machiavelli, Niccolò, *Il Principe/Der Fürst. Italienisch/Deutsch*. (1513) Stuttgart, 1986.

Marinetti, Filippo Tommaso, »Le Futurisme« in: *Figaro*, 20. Februar 1909.

McGinn, Kathleen und Nicole Tempest, »Heidi Roizen.« *Harvard Business School Case Study # 9-800-228*. Boston, 2009.

McRobbie, Angela, *Top Girls. Feminismus und der Aufstieg des neoliberalen Geschlechterregimes*. Wiesbaden, 2010.

McRobbie, Angela, »Frauen sind die perfekten Mitglieder einer neoliberalen Gesellschaft«, in: *Süddeutsche Zeitung Magazin* Nr. 10, 6. März 2015.

McVeigh, Tracy, »Meet the new activists making feminism thrive in a digital age«, http://www.theguardian.com/world/2013/jun/01/activists-feminism-digital (Zugriff Juli 2015).

Mead, Margaret, *Cooperation and Competition among Primitive Peoples,* New York/London 1937.

Meyer, Meredith et al., »Women are underrepresented in fields where success is believed to require brilliance«, http://www.princeton.edu/~sjleslie/Frontiers2015.pdf (Zugriff Juli 2015).

*Mill, John Stuart, *Die Hörigkeit der Frau*. (1869) Hamburg, 2011.

*Miss Piggy, »Why I Am a Feminist Pig«, http://time.com/3908787/miss-piggy-feminist/ (Zugriff Juli 2015).

Montaigne, Michel de, *Essais. Erste moderne Gesamtübersetzung von Hans Stilett*. (1572–1592) Frankfurt am Main, 1998.

Montesquieu, *Meine Gedanken*. (1720–1755) München, 2000

Nancy, Jean-Luc Nancy, *singulär plural sein*. (1996) Zürich, 2012.

Newton, Isaac, *Mathematische Grundlagen der Naturphilosophie. Philosophiae naturalis principia mathematica*. (1687) St. Augustin, 2007.

Nietzsche, Friedrich, *Sämtliche Werke. Kritische Studienausgabe in 15 Bänden,* hrsg. Giorgio Colli und Mazzino Montinari. München, 1980.

Nietzsche, Friedrich, *Zur Genealogie der Moral*. (1887) Stuttgart, 1988.

Nolen Hoeksema, Susan et al., »Explaining the Gender Differences in Depressive Symptoms« in: *Journal of Personality and Social Psychology* 77 (1999).

N.N., »The weaker sex« in *The Economist,* 30. Mai 2015.

Ortega y Gasset, José, *Meditationen über ›Don Quijote‹*. München, 1959.

*Orwell, George, *1984*. (1949) Berlin, 2007.

Paglia, Camille, *Die Masken der Sexualität*. (1990) München, 1994.

Penny, Laurie, *Unsagbare Dinge. Sex, Lügen und Revolution*. Hamburg, 2015.

*Pernoud, Régine, *Christine de Pizan: Das Leben einer außergewöhnlichen Frau und Schriftstellerin im Mittelalter*. München, 1997.

*Pieper, Annemarie, *Gut und Böse*. München, 2008.

Pizan, Christine de, *Das Buch von der Stadt der Frauen*. (1405) München, 1999.

*Pfister, Jonas, *Werkzeuge des Philosophierens*. Stuttgart, 2013.

Platon, Das Gastmahl. (4. Jh. v. Chr.) Stuttgart, 1979

Platon, *Der Staat*. (4. Jh. v. Chr.) Stuttgart, 1982

Platon, *Nomoi. Sämtliche Werke, Band 6*. Reinbek, 1998.

*Popitz, Heinrich, *Phänomene der Macht*. Tübingen, 1992.

Quine, W. V. O., *From a Logical Point of View/Von einem logischen Standpunkt aus. Drei ausgewählte Aufsätze.* (1963) Stuttgart, 2011.

Ranke-Graves, Robert von, *Griechische Mythologie. Quellen und Deutung.* (1955) Reinbek, 2007.

Rasche, Uta, »Warum Frauen unbedingt einen Beruf wollen« in: *Frankfurter Allgemeine Sonntagszeitung,* 12. Juli 2015.

Reinhard, Heidrun, *Mondo Veneziano. Menschen und Paläste am Canal Grande.* Darmstadt, 2016.

Reinhard, Rebekka, *Gegen den philosophischen Fundamentalismus. Postanalytische und dekonstruktivistische Perspektiven.* München, 2003.

Reinhard, Rebekka, *Odysseus oder die Kunst des Irrens. Philosophische Anstiftung zur Neugier.* München, 2010.

*Reinhard, Rebekka, *Die Sinn-Diät: Philosophische Rezepte für ein erfülltes Leben.* München, 2011.

Reinhard, Rebekka, *Schön! Schön sein, schön scheinen, schön leben – eine philosophische Gebrauchsanweisung.* München, 2013.

Reinhard, Rebekka, »Darf ich Ihnen das ›Sie‹ anbieten?« in: *Hohe Luft* 4/2013.

Reinhard, Rebekka, »Der Schlüssel zur Vernunft« in: *Hohe Luft* 4/2014.

Reinhard, Rebekka, »Der k(l)eine Unterschied« in: *Hohe Luft Spezial: Was ist gute Arbeit?* in: *Hohe Luft* 4/2014.

Reinhard, Rebekka, »Flut der Opfer« in: *Hohe Luft* 6/2014.

*Riesman, David et al., *Die einsame Masse.* (1950) Reinbek, 1986.

Roose, Kevin, »Up, Up and Away!«, http://nymag.com/news/features/draper-university-silicon-valley-2013-8/ (Zugriff Juli 2015).

Rosa, Hartmut, *Beschleunigung. Die Veränderung der Zeitstrukturen in der Moderne.* Frankfurt am Main, 2005.

Rotherbl, Julia, »Rache, aber richtig!« in: *Cosmopolitan* 5/2015.

Saint-Point, Valentine de, »Manifest der futuristischen Frau« in: *Der Sturm* 108/1912.

Sandberg, Sheryl, *Lean In. Frauen und der Weg zum Erfolg.* Berlin, 2013.

Scheler, Max, »Über Scham und Schamgefühl« in: Ders., *Schriften aus dem Nachlass I. Zur Ethik und Erkenntnislehre,* Bern 1957.

Schmelcher, Antje, *Feindbild Mutterglück – Warum Muttersein und Emanzipation kein Widerspruch ist.* Zürich, 2015.

Schmidt, Christopher, »Richtig wütend werden« in: *Hohe Luft* 4/2014.

Schmieder, Jürgen, »Schnauze!« in: *Süddeutsche Zeitung,* 6./7. Juni 2015.

Schneider, Wolfgang, *Enzyklopädie der Faulheit. Ein Anleitungsbuch.* Berlin, 2003.

Schopenhauer, Arthur, *Parerga und Paralipomena II.* (1851) Zürich, 2007

*Schopenhauer, Arthur, *Aphorismen zur Lebensweisheit.* (1851) Wiesbaden, 2010.

*Schopenhauer, Arthur, *Die Kunst, recht zu behalten.* (1831) Stuttgart, 2014.

*Seneca, *Von der Kürze des Lebens. Über den Zorn. Von der Muße.* (1. Jh. n. Chr.) München, 1969.

Sheehy, Noel et al., »Iwan Petrovich Pavlov« in: *Biographical Dictionary of Psychology.* London und New York, 2002.

Slaughter, Ann-Marie, »Why Women Still Can't Have It All«, http://www.theatlantic.com/magazine/archive/2012/07/why-women-still-cant-have-it-all/309020/ (Zugriff Juli 2015).

Soeffner, Hans-Georg und Dirk Tänzler, hrsg., *Figurative Politik. Zur Performanz der Macht in der modernen Gesellschaft*. Opladen, 2002.

Staines, Graham L. et al., »The Queen Bee Syndrome« in: *Psychology Today,* Januar 1974.

Stangneth, Bettina, *Eichmann vor Jerusalem. Das unbehelligte Leben eines Massenmörders*. Reinbek, 2007.

Stroebe, Katherine et al., »For Better or Worse: The Congruence of Personal and Group Outcomes on Targets' Responses to Discrimination« in: *European Journal of Social Psychology* 39, no. 4 (2009).

Sunzi, *Die Kunst des Krieges*. (ca. 6. Jh. v. Chr.) Frankfurt am Main und Leipzig, 2009.

Toole, Betty Alexandra, *Ada, the Enchantress of Numbers. Prophet of the Computer Age*. Moreton-in-Marsh, 1998.

Tugendhat, Ernst und Ursula Wolf, *Logisch-semantische Propädeutik*. Stuttgart, 1997.

*Vašek, Thomas, *Work-Life-Bullshit. Warum die Trennung von Arbeit und Leben in die Irre führt*. München, 2013.

Vidal, Cathérine und Dorothée Benoit Browaeys, *Cerveau, sexe et pouvoir*. Paris, 2005.

Waldenfels, Bernhard, *Schattenrisse der Moral*. Frankfurt am Main, 2006.

Weber, Max, *Wirtschaft und Gesellschaft. Grundriss der verstehenden Soziologie*. (1922) Tübingen, 2002.

Weber, Max, *Die protestantische Ethik und der Geist des Kapitalismus. Vollständige Ausgabe*. (1904) München, 2013.

*Williams, Bernhard, *Der Begriff der Moral. Eine Einführung in die Ethik*. (1976) Stuttgart, 1986.

Wolff, Jonathan, »How can we end the male domination of philosophy?«, http://www.theguardian.com/education/2013/nov/26/modern-philosophy-sexism-needs-more-women (Zugriff Juli 2015).

*Wollstonecraft, Mary, *Zur Verteidigung der Frauenrechte.* (1792) Aachen, 2008.

Wünning Tschol, Ingrid, »Ziemlich scheinheilig« in: *Die Zeit*, 18. Juni 2015.

Žižek, Slavoi, *Liebe Dein Symptom wie dich selbst! Jacques Lacans Psychoanalyse und die Medien.* Berlin, 1991.

Anmerkungen

[1] Siehe hierzu Andreas Anter, *Theorien der Macht. Zur Einführung*. Hamburg, 2012, und Vittorio Hösle, »Macht und Moral« in: *Ethik und Sozialwissenschaften*, 3/1995.

[2] Niklas Luhmann, »Klassische Theorie der Macht. Kritik ihrer Prämissen« in: *Zeitschrift für Politik* 16/1969. Auch die Macht des vielschichtigen Machtbegriffs Michel Foucaults scheint auf den von Luhmann genannten Umstand zurückzuführen zu sein; siehe hierzu Nancy Fraser, »Foucault über die moderne Macht: Empirische Einsichten und normative Unklarheiten« in: Dies., *Widerspenstige Praktiken. Macht, Diskurs, Geschlecht*. Frankfurt a. M., 1994.

[3] Karl-Georg Faber, »Macht, Gewalt (III)« in: Otto Brunner et al., hrsg., *Geschichtliche Grundbegriffe, Bd. 3*. Stuttgart, 1982.

[4] Siehe hierzu Hösle, »Macht und Moral«, a. a. O.

[5] Hier folge ich Max Weber, *Wirtschaft und Gesellschaft. Grundriss der verstehenden Soziologie*. Tübingen, 2002.

[6] Hier folge ich Hannah Arendt, *Vita activa oder Vom tätigen Leben*. München, 2002.

[7] Siehe hierzu Niklas Luhmann, *Macht*. Konstanz und München, 2012.

[8] Luhmann, *Macht*, a. a. O.

[9] Zu den Problemen des modernen Mannes siehe Marc Brost und Heinrich Wefing, *Geht alles gar nicht. Warum wir Kinder, Liebe und Karriere nicht vereinbaren können*. Reinbek, 2015.

[10] Montesquieu, *Meine Gedanken*. München, 2000.

[11] Max Weber, *Wirtschaft und Gesellschaft,* a. a. O.

[12] Teile dieses Abschnitts basieren auf Rebekka Reinhard, »Flut der Opfer« in: *Hohe Luft* 6/2014.

[13] Siehe hierzu auch das Interview mit der Kulturwissenschaftlerin Angela McRobbie: »Frauen sind die perfekten Mitglieder einer neoliberalen Gesellschaft«, in: *Süddeutsche Zeitung Magazin* Nr. 10 vom 6. März 2015.

[14] Daniele Giglioli, *Critica della vittima. Un esperimento con l'etica.* Rom, 2014.

[15] Georg Wilhelm Friedrich Hegel, *Phänomenologie des Geistes. Werke 3.* Frankfurt am Main, 1986; alle folgenden Zitate, sofern nicht anders angegeben, entstammen diesem Werk.

[16] Zitiert in Thomas Vašek, *Work-Life-Bullshit. Warum die Trennung von Arbeit und Leben in die Irre führt.* München, 2013.

[17] Siehe hierzu auch Simone de Beauvoir, *Das andere Geschlecht. Sitte und Sexus der Frau.* Reinbek, 2000.

[18] Zitiert in Georg Armstrong Kelly, »Bemerkungen zu Hegels ›Herrschaft und Knechtschaft‹«, in: *Materialien zu Hegels ›Phänomenologie des Geistes‹,* hrsg. Hans Friedrich Fulda und Dieter Henrich. Frankfurt am Main, 1992.

[19] Emilie du Châtelet, *Rede vom Glück.* Berlin, 1999.

[20] Isaac Newton, *Mathematische Grundlagen der Naturphilosophie. Philosophiae naturalis principia mathematica.* St. Augustin, 2007.

[21] Ebenda. Siehe auch Elisabeth Badinter, *Emilie, Emilie. Weiblicher Lebensentwurf im 18. Jahrhundert.* München, 1991.

[22] Heinz Bude, *Gesellschaft der Angst.* Hamburg, 2014.

[23] Hier könnte man an das denken, was die Psychoanalytikerin Melanie Klein »manische Abwehr« nannte.

[24] David Riesman et al., *Die einsame Masse.* Reinbek, 1986.

[25] Ebenda.

[26] Ebenda.

[27] Zitiert in Peter Bieri, *Wie wollen wir leben?* München, 2013.

[28] Friedrich Nietzsche, *Sämtliche Werke. Kritische Studienausgabe. Band 13,* hrsg. Giorgio Colli und Mazzino Montinari. Berlin, 1980.

[29] Siehe hierzu Régine Pernoud, *Christine de Pizan: Das Leben einer außergewöhnlichen Frau und Schriftstellerin im Mittelalter*. München, 1997.

[30] Christine de Pizan, *Das Buch von der Stadt der Frauen*. München, 1999.

[31] Ebenda.

[32] Riesman, *Die einsame Masse*, a. a. O.

[33] Zur Frage, was gute Arbeit ausmacht, siehe Vašek, *Work-Life-Bullshit*, a. a. O.

[34] Siehe hierzu Antje Schmelcher, *Feindbild Mutterglück – Warum Muttersein und Emanzipation kein Widerspruch sind*. Zürich, 2015.

[35] Hartmut Rosa, *Beschleunigung. Die Veränderung der Zeitstrukturen in der Moderne*. Frankfurt am Main, 2005.

[36] Byung-Chul Han, *Duft der Zeit. Ein philosophischer Essay zur Kunst des Verweilens*. Bielefeld, 2009.

[37] François Jullien, *Vortrag vor Managern über Wirksamkeit und Effizienz in China und im Westen*. Berlin, 2006. Im Folgenden stütze ich mich auf Julliens Ausführungen.

[38] Ebenda.

[39] Siehe hierzu die Darstellung von Chronos und Kairos in Rebekka Reinhard, *Die Sinn-Diät: Philosophische Rezepte für ein erfülltes Leben*. München, 2011.

[40] Jullien, a. a. O..

[41] Zitiert in Wolfgang Schneider, *Enzyklopädie der Faulheit. Ein Anleitungsbuch*. Berlin, 2003.

[42] Siehe hierzu W. V. O. Quine, *From a Logical Point of View/ Von einem logischen Standpunkt aus. Drei ausgewählte Aufsätze*. Stuttgart, 2011.

[43] François Jullien, Über *die Philosophie der Zeit. Elemente einer Philosophie des Lebens*. Zürich, 2004.

[44] Siehe hierzu (wer richtig tief in die angerissene Materie einsteigen will) Donald Davidson, »On the Very Idea of a Conceptual Scheme« in: John Raichman und Cornel West, hrsg., *Post-Analytic Philosophy*. New York, 1985.

45 Michel Foucault, Ästhetik der Existenz. Schriften zur Lebenskunst. Frankfurt am Main, 2007.

46 Niklas Luhmann, »Die Knappheit der Zeit und die Vordringlichkeit des Befristeten«, in: Ders., *Politische Planung. Aufsätze zur Soziologie von Politik und Verwaltung.* Opladen, 1994.

47 Emily Dickinson, *Sämtliche Gedichte. Zweisprachig.* München, 2015.

48 Michel Foucault, *Überwachen und Strafen. Die Geburt des Gefängnisses.* Frankfurt am Main, 1976.

49 Kevin Roose, »Up, Up and Away!«, http://nymag.com/news/features/draper-university-silicon-valley-2013-8/ (Zugriff Juli 2015).

50 Ebenda.

51 Axel Honneth, *Das Ich im Wir. Studien zur Anerkennungstheorie.* Berlin, 2010.

52 Bude, a. a. O.

53 Peter Handke, *Versuch über die Müdigkeit.* Frankfurt am Main, 1992.

54 Das Hochstapler-Syndrom wurde zuerst entdeckt von Pauline Rose Clance und Suzanne Ament Imes, »The Impostor Phenomenon in High Achieving Women: Dynamics and Therapeutic Intervention« in: *Psychotherapy: Theory, Research and Practice* 15, no. 3 (1978).

55 Siehe hierzu Margaret Mead, *Cooperation and Competition among Primitive Peoples,* New York/London 1937.

56 Max Scheler, »Über Scham und Schamgefühl« in: Ders., *Schriften aus dem Nachlass I. Zur Ethik und Erkenntnislehre,* Bern 1957.

57 Die Übereinstimmung der in diesem Buch genannten Namen mit real existierenden Personen ist rein zufällig.

58 Maria-Sibylla Lotter, *Scham, Schuld, Verantwortung. Über die kulturellen Grundlagen der Moral.* Berlin, 2012.

59 Alain Ehrenberg, *Das erschöpfte Selbst. Depression und Gesellschaft in der Gegenwart.* Frankfurt/New York, 2015.

60 Die Zahl der arbeitenden Mütter, die wegen Erschöpfung oder

Burn-out eine Kur in Anspruch nahmen, lag laut Müttergenesungswerk 2003 bei 49 Prozent, 2013 bei 86 Prozent: www.muettergenesungswerk.de

61 Slavoi Žižek, *Liebe Dein Symptom wie dich selbst! Jacques Lacans Psychoanalyse und die Medien.* Berlin, 1991.

62 Siehe hierzu Robert von Ranke-Graves, *Griechische Mythologie. Quellen und Deutung.* Reinbek, 2007.

63 Miguel de Cervantes, *Don Quijote von der Mancha. Teil I und Teil II.* München, 2011.

64 Siehe hierzu Ranke-Graves, a. a. O., und Rebekka Reinhard, *Odysseus oder die Kunst des Irrens. Philosophische Anstiftung zur Neugier.* München, 2010.

65 Siehe hierzu (wer sich eingehender mit nicht-identischen Wiederholungen befassen will) Gilles Deleuze, *Differenz und Wiederholung.* München, 2007.

66 José Ortega y Gasset, *Meditationen über ›Don Quijote‹.* München, 1959.

67 Friedrich Nietzsche, *Zur Genealogie der Moral.* Stuttgart, 1988.

68 Nietzsche, *Sämtliche Werke,* a. a. O.

69 Siehe hierzu Pierre Aubenque, *Der Begriff der Klugheit bei Aristoteles.* Hamburg, 2013.

70 Honneth, *Das Ich im Wir,* a. a. O.

71 Mary Wollstonecraft, *Zur Verteidigung der Frauenrechte.* Aachen, 2008.

72 Heinrich Popitz, *Phänomene der Macht.* Tübingen, 1992.

73 Foucault, Überwachen und Strafen, a. a. O.

74 George Orwell, *1984.* Berlin, 2007.

75 Susan Nolen Hoeksema et al., »Explaining the Gender Differences in Depressive Symptoms« in: *Journal of Personality and Social Psychology* 77 (1999).

76 John Langshaw Austin, *Zur Theorie der Sprechakte (How to do Things with Words).* Stuttgart, 1986.

77 Siehe hierzu und zum Folgenden auch Sybille Krämer, *Sprache, Sprechakt, Kommunikation. Sprachtheoretische Positionen des 20. Jahrhunderts.* Frankfurt am Main, 2011, und Rebekka

Reinhard, *Gegen den philosophischen Fundamentalismus. Postanalytische und dekonstruktivistische Perspektiven.* München, 2003.

[78] Siehe hierzu auch Hans-Georg Soeffner und Dirk Tänzler, hrsg., *Figurative Politik. Zur Performanz der Macht in der modernen Gesellschaft.* Opladen, 2002.

[79] Karl-Heinz Göttert, *Mythos Redemacht. Eine andere Geschichte der Rhetorik.* Frankfurt am Main, 2015.

[80] Aristoteles, *Rhetorik.* Stuttgart, 1999.

[81] Judith Butler, *Hass spricht. Zur Politik des Performativen.* Frankfurt am Main, 2006. Siehe hierzu auch Reinhard, *Gegen den philosophischen Fundamentalismus,* a. a. O.

[82] Popitz, *Phänomene der Macht,* a. a. O.

[83] Siehe hierzu auch Jens Jessen, »Ist Genie männlich?« in: *Die Zeit,* 19. März 2015.

[84] Bernard Williams, *Der Begriff der Moral. Eine Einführung in die Ethik.* Stuttgart, 1986.

[85] Aristoteles, *Rhetorik,* a. a. O.

[86] Siehe hierzu Rebekka Reinhard, »Darf ich Ihnen das ›Sie‹ anbieten?« in: *Hohe Luft* 4/2013.

[87] Srećko Horvat, »Es herrscht Krise und Europa redet über Mittelfinger« in: *Süddeutsche Zeitung,* 20. März 2015.

[88] Ingeborg Gleichauf, *Denken aus Leidenschaft. Acht Philosophinnen und ihr Leben.* München, 2009.

[89] Zitiert in: Ebenda.

[90] Karoline von Günderrode, *Gedichte und Phantasien.* Hamburg, 2012.

[91] Zu Pawlows Leben und Werk siehe Noel Sheehy et al., »Iwan Petrovich Pavlov« in: *Biographical Dictionary of Psychology.* London und New York, 2002.

[92] Popitz, *Phänomene der Macht,* a. a. O.

[93] Zum Vertiefen siehe Rebekka Reinhard, »Der Schlüssel zur Vernunft« in: *Hohe Luft* 4/2014, und (zum noch tiefer Vertiefen) Ernst Tugendhat und Ursula Wolf, *Logisch-semantische Propädeutik.* Stuttgart, 1997.

94 Siehe hierzu und zum Folgenden Aristoteles, *Organon*. Create-Space, 2013 und Jonas Pfister, *Werkzeuge des Philosophierens*. Stuttgart, 2013.

95 Immanuel Kant, *Anthropologie in pragmatischer Hinsicht*. Stuttgart, 1986.

96 Arthur Schopenhauer, *Die Kunst, recht zu behalten*. Stuttgart, 2014.

97 Immanuel Kant, *Grundlegung zur Metaphysik der Sitten*. Stuttgart, 1986.

98 Thomas Hobbes, *Leviathan*. Frankfurt am Main, 1984.

99 Siehe hierzu Robert Greene, *Power: Die 48 Gesetze der Macht*. München, 2013.

100 Tobias Haberl, »Der Sinn des Lebens ist zu leben« in: *Süddeutsche Zeitung Magazin* Nr. 4 vom 24. Januar 2014.

101 Ebenda.

102 Arthur Schopenhauer, *Aphorismen zur Lebensweisheit*. Wiesbaden, 2010.

103 Georg Wilhelm Friedrich Hegel, *Grundlinien der Philosophie des Rechts oder Naturrecht und Staatswissenschaft im Grundrisse*. Werke 7. Frankfurt am Main, 2007.

104 Johann Wolfgang von Goethe, *Torquato Tasso. Studienausgabe*. Stuttgart, 2013.

105 Siehe hierzu Uta Rasche, »Warum Frauen unbedingt einen Beruf wollen« in: *Frankfurter Allgemeine Sonntagszeitung*, 12. Juli 2015.

106 Siehe hierzu Ann-Marie Slaughters viel diskutierten Artikel »Why Women Still Cant't Have It All«, http://www.theatlantic.com/magazine/archive/2012/07/why-women-still-cant-have-it-all/309020/ (Zugriff Juli 2015).

107 https://www.hillaryclinton.com (Zugriff Juli 2015).

108 Zitat von Bernd Heusinger in Laura Backes, »Die kümmert sich um Euch« in: *Die Zeit,* 16. April 2015.

109 Patricia Highsmith, *Ediths Tagebuch*. Zürich, 2004.

110 Eva Illouz, *Die Errettung der modernen Seele. Therapien, Gefühle und die Kultur der Selbsthilfe*. Frankfurt am Main, 2009.

[111] Siehe zu Platons Kardinaltugenden Platon, *Der Staat.* Stuttgart, 1982., und Ders., *Nomoi. Sämtliche Werke, Band 6.* Reinbek, 1998.

[112] Augustinus, *Bekenntnisse.* München, 1997.

[113] Max Weber, *Die protestantische Ethik und der Geist des Kapitalismus. Vollständige Ausgabe.* München, 2013.

[114] Illouz, *Die Errettung der modernen Seele,* a. a. O.

[115] Siehe hierzu Heidi Kastner, *Wut. Plädoyer für ein verpöntes Gefühl.* Wien, 2014.

[116] Laurie Penny, *Unsagbare Dinge. Sex, Lügen und Revolution.* Hamburg, 2015.

[117] Wie Paul Ekman, *Gefühle lesen. Wie Sie Emotionen erkennen und richtig interpretieren.* Berlin, 2010, unterscheide ich hier nicht zwischen Wut und Zorn.

[118] Aristoteles, *Nikomachische Ethik.* Hamburg, 1985.

[119] Seneca, *Von der Kürze des Lebens. Über den Zorn. Von der Muße.* München, 1969.

[120] Michel de Montaigne, *Essais. Erste moderne Gesamtübersetzung von Hans Stilett.* Frankfurt am Main, 1998.

[121] Sabine A. Döring, »Allgemeine Einleitung: Philosophie der Gefühle heute« in: Dies., hrsg., *Philosophie der Gefühle.* Frankfurt am Main, 2009.

[122] Siehe hierzu auch die Studie »Führungskräftemonitor 2015« des Deutschen Instituts für Wirtschaftsforschung (DIW).

[123] So lautet auch der Titelessay von Christopher Schmidt in: *Hohe Luft* 4/2014: »Richtig wütend werden«.

[124] Popitz, *Phänomene der Macht,* a. a. O.

[125] Siehe hierzu den Artikel von Julia Rotherbl, »Rache, aber richtig!« in: *Cosmopolitan* 5/2015.

[126] Montaigne, *Essais,* a. a. O.

[127] Zitiert in Régine Pernoud, *Jeanne d'Arc. Glaube, Kraft, Vision.* München, 1995.

[128] Zum Beispiel http://www.dailymotion.com/video/x8qdfw_incredible-hulk-inner-beast-bill-bi_shortfilms.

[129] John Stuart Mill, *Die Hörigkeit der Frau.* Hamburg, 2011.

[130] Maureen Dowd, *Are Men Necessary?: When Sexes Collide*. New York, 2005.

[131] »The Munk Debate on Gender« fand im November 2013 in Toronto statt und ist nachzulesen in Rudyard Griffiths, hrsg., *Are Men Obsolete? Camille Paglia & Caitlin Moran vs. Hanna Roisin & Maureen Dowd*. London, 2014.

[132] Ebenda.

[133] Kathleen McGinn und Nicole Tempest, »Heidi Roizen«. *Harvard Business School Case Study # 9-800-228*. Boston, 2009.

[134] Madeline E. Heilman et al., »Sex Stereotypes: Do They Influence Perceptions of Managers?« in: *Journal of Social Behavior and Personality* 10 no. 6 (1995).

[135] Jonathan Wolff, »How can we end the male domination of philosophy?«, http://www.theguardian.com/education/2013/nov/26/modern-philosophy-sexism-needs-more-women (Zugriff Juli 2015)

[136] Laut Ingrid Wünning Tschol, Initiatorin des Frauennetzwerks AcademiaNet, sind nur ca. 15 Prozent der Führungspositionen in der Wissenschaft weiblich besetzt. Siehe hierzu das Interview »Ziemlich scheinheilig« in: *Die Zeit*, 18. Juni 2015.

[137] Siehe hierzu die Studie von Meredith Meyer et al., »Women are underrepresented in fields where success is believed to require brilliance«, http://www.princeton.edu/~sjleslie/Frontiers2015.pdf (Zugriff Juli 2015)

[138] Siehe hierzu »Wie können Frauen in der Philosophie gefördert werden? Stellungnahmen von Charlotte Annerl, Rebecca Gutwald, Hilge Landweer und Mari Mikkola« in: *Information Philosophie* 2/2015.

[139] Siehe hierzu Michael Inzlicht, *Stereotype Threat. Theory, Process, and Application*. Oxford, 2011.

[140] Zitiert in: Volker Gerhardt, *Immanuel Kant. Vernunft und Leben*. Stuttgart, 2002.

[141] Hannah Arendt, *Über das Böse. Eine Vorlesung zu Fragen der Ethik*. München, 2007.

[142] Ebenda.

[143] Dass speziell Eichmann nicht der »banale Böse« war, für den Arendt ihn hielt, gilt inzwischen als belegt – siehe hierzu etwa Bettina Stangneth, *Eichmann vor Jerusalem. Das unbehelligte Leben eines Massenmörders.* Reinbek, 2007; dies beeinträchtigt jedoch nicht die generelle Wahrheit ihrer These.

[144] Hannah Arendt, *Macht und Gewalt.* München, 1970.

[145] Kant, *Anthropologie in pragmatischer Hinsicht,* a. a. O.

[146] Immanuel Kant, »Beantwortung der Frage: Was ist Aufklärung?« (meine Hervorhebungen) in: Ders., *Was ist Aufklärung? Ausgewählte kleine Schriften.* Hamburg, 1999.

[147] Zitiert in: Betty Alexandra Toole, *Ada, the Enchantress of Numbers. Prophet of the Computer Age.* Moreton-in-Marsh, 1998. Siehe auch Sybille Krämer, hrsg., *Ada Lovelace. Die Pionierin der Computertechnik und ihre Nachfolgerinnen.* München, 2015.

[148] Zitiert in: Anne Kunze, »Ada und der Algorithmus« in: *Die Zeit,* 23. Januar 2014.

[149] Zitiert in Ebenda.

[150] De Beauvoir, *Das andere Geschlecht,* a. a. O.

[151] Angela McRobbie, *Top Girls. Feminismus und der Aufstieg des neoliberalen Geschlechterregimes.* Wiesbaden, 2010.

[152] Siehe hierzu und zum Folgenden Sally Haslanger, *Resisting Reality. Social Construction and Social Critique.* Oxford, 2012.

[153] Siehe hierzu Eva Illouz, *Warum Liebe weh tut. Eine soziologische Erklärung.* Berlin, 2011, und Markus Günther, »Ersatzreligion Liebe« in: *Frankfurter Allgemeine Zeitung,* 25. September 2014.

[154] Wie Glenn Close in der berühmten »Bunny-Boiler«-Szene im Film *Fatal Attraction* (Eine verhängnisvolle Affäre).

[155] Sunzi, *Die Kunst des Krieges.* Frankfurt am Main und Leipzig, 2009.

[156] Chin-Ning Chu, *The Art of War for Women. Sun Tzu's Ultimate Guide to Winning without Confrontation.* New York, 2010.

[157] Lao Tse, *Tao-Te-King*. Zürich, 2010.

[158] Jullien, *Vortrag vor Managern*, a. a. O.

[159] Mill, *Die Hörigkeit der Frau*, a. a. O.

[160] Sunzi, *Die Kunst des Krieges*, a. a. O.

[161] Zitiert bei https://de.wikipedia.org/wiki/George_Sand (Zugriff Juli 2015).

[162] Siehe hierzu Heidrun Reinhard, *Mondo Veneziano. Menschen und Paläste am Canal Grande*. Darmstadt, 2016. (Ich beziehe mich auf das unveröffentlichte Manuskript.)

[163] George Sand, *Sie und Er*. München, 1992.

[164] Zitiert in Reinhard, *Mondo Veneziano*, a. a. O.

[165] Penny, *Unsagbare Dinge*, a. a. O.

[166] Ariane Barth, »Mann oder Frau – wählt, was ihr wollt« in: *Der Spiegel* 9/1984.

[167] Popitz, *Phänomene der Macht*, a. a. O.

[168] Siehe hierzu Anke Domscheit-Berg, *Mauern einreißen! Weil ich glaube, dass wir die Welt verändern können*. München, 2014.

[169] Siehe hierzu N. N., »The weaker sex« in: *The Economist*, May 30th 2015.

[170] Sheryl Sandberg, »Why we have too few women leaders«, https://www.youtube.com/watch?v=18uDutylDa4 (Zugriff Juli 2015)

[171] Catherine Hakim, *Erotisches Kapital. Das Geheimnis erfolgreicher Menschen*. Frankfurt am Main/New York, 2011.

[172] Siehe hierzu Platon, *Das Gastmahl*. Stuttgart, 1979, und Rebekka Reinhard, *Schön! Schön sein, schön scheinen, schön leben – eine philosophische Gebrauchsanweisung*. München, 2013.

[173] Niccoló Machiavelli, *Il Principe/Der Fürst. Italienisch/Deutsch*. Stuttgart, 1986.

[174] Siehe hierzu Max Weber, *Politik als Beruf*. Köln, 2014.

[175] Machiavelli *Il Principe/Der Fürst*, a. a. O.

[176] Zitiert in: Kerstin Bund, »Voll Frau, voll Chefin« in: *Die Zeit*, 23. Januar 2014.

[177] Ebenda. Siehe auch Felicitas Glade, *Käte Ahlmann. Eine Biographie.* Neumünster, 2006.

[178] Teile dieses Kapitels sind in Rebekka Reinhard, »Der k(l)eine Unterschied« in der Beilage *Hohe Luft Spezial: Was ist gute Arbeit?* von *Hohe Luft* 4/2014 erschienen.

[179] http://moraldna.org (Zugriff Juli 2015).

[180] Siehe hierzu Annemarie Pieper, *Gut und Böse.* München, 2008.

[181] Catherine Vidal und Dorothée Benoit Browaeys, *Cerveau, sexe et pouvoir.* Paris, 2005.

[182] Zitiert in: Christina Berndt, »Die Unterschiede sind minimal« in *Süddeutsche Zeitung,* 23. März 2015.

[183] Siehe Aristoteles, *Über die Zeugung der Geschöpfe.* Paderborn 1959, Kant, »Beobachtungen über das Gefühl des Schönen und Erhabenen« in: Ders., *Vorkritische Schriften bis 1768. 2. Werkausgabe Band II.* Frankfurt am Main, 1996, Arthur Schopenhauer, *Parerga und Paralipomena II,* Zürich 2007 und Emil Cioran, *Aveux et anathemes.* Paris, 1987.

[184] Wollstonecraft, *Zur Verteidigung der Frauenrechte,* a. a. O.

[185] Carol Gilligan, *Die andere Stimme. Lebenskonflikte und Moral der Frau.* München, 1999.

[186] Gareth R. Jones und Jennifer M. George, *Essentials of Contemporary Management.* New York, 2014.

[187] »Der Mann 2013: Arbeits- und Lebenswelten – Wunsch und Wirklichkeit« bei http://www.ifd-allensbach.de/studien-und-berichte/veroeffentlichte-studien.html (Zugriff Juli 2015).

[188] Sheryl Sandberg, *Lean In. Frauen und der Weg zum Erfolg.* Berlin, 2013.

[189] Siehe hierzu Graham L. Staines et al., »The Queen Bee Syndrome« in: *Psychology Today,* January 1974 und Peggy Drexler, »The Tyranny of the Queen Bee«, http://www.wsj.com/articles/SB10001424127887323388430457832827152608 0496 (Zugriff Juli 2015).

[190] Katherine Stroebe et al., »For Better or Worse: The Congruence of Personal and Group Outcomes on Targets' Responses

to Discrimination« in: *European Journal of Social Psychology* 39, no. 4 (2009).

[191] Siehe hierzu Otfried Höffe, *Ethik. Eine Einführung.* München, 2013.

[192] Zur Selbstoptimierung und ihrem Zusammenhang mit dem guten Leben siehe Greta Lührs, »Schneller, weiter, schöner, gesünder!« in: *Hohe Luft* 3/2015.

[193] Arendt, *Macht und Gewalt,* a. a. O.

[194] Bernhard Waldenfels, *Schattenrisse der Moral.* Frankfurt am Main, 2006.

[195] Siehe hierzu Jean-Luc Nancy, *singulär plural sein.* Zürich, 2012.

[196] Siehe hierzu Tracy McVeigh, »Meet the new activists making feminism thrive in a digital age«, http://www.theguardian. com/world/2013/jun/01/activists-feminism-digital (Zugriff Juli 2015).

[197] Camille Paglia, *Die Masken der Sexualität.* München, 1994.

[198] Valentine de Saint-Point, »Manifest der futuristischen Frau« in: *Der Sturm* 108/1912 und Filippo Tommaso Marinetti, »Le Futurisme« in: *Figaro,* 20. Februar 1909.

[199] Zitiert in Jürgen Schmieder, »Schnauze!« in: Süddeutsche Zeitung, 6./7. Juni 2015. Siehe auch Miss Piggy, »Why I Am a Feminist Pig«, http://time.com/3908787/miss-piggy-feminist/ (Zugriff Juli 2015).

[200] Wie in der Zeitschrift *InTouch* 24/2015 zu lesen war, haben sich Miss Piggy und Kermit nach über 30 Jahren allerdings getrennt. Wie schade!

Danksagung

Ich danke allen, die mein Schreiben mächtig ermutigt, gefördert und inspiriert haben: meinen Eltern, Michael Meller, Familie von Pauer und in alphabetischer Reihenfolge Sophie Boysen, Martina Bruder, Ernst Dahlke, Klaus Fricke, Susanne Hermanski, Dr. Cornelia Inderst, Richard Koch, Andrea Kunstmann und Dr. Kasia Mol-Wolf. In kreativer Hinsicht gilt mein besonderer Dank Marilyn Monroe, Thomas Vašek und *Hohe Luft!*